Un faro de esperanza

Guía práctica de autoayuda para entender el sentido de la vida, utilizando psicología positiva para mejorar tu calidad de vida

ECO INTERIOR

CONTENIDO

UN FARO DE ESPERANZA

Deseo que puedas crear
lazos de buena afinidad,
para una eterna
prosperidad.

—Piao Sheng Chao

PREFACIO

Era un sábado de competición, luego de viajar unas dos horas con el equipo de voleibol hacia una ciudad al sur de Bavaria, comenzó el partido muy parejo. A mitad del segundo set, en medio de un salto para realizar un remate, sentí una especie de latigazo en la rodilla y al aterrizar en el suelo se produjo la rotura de varios ligamentos y del menisco. A partir de ese momento, mi vida tuvo un cambio de 180 grados y la rutina de los meses siguientes no variaba entre la consulta a los especialistas y el centro de rehabilitación, en donde tuve la oportunidad de entrar en contacto con varias personas que pasaban por una situación similar. Algunos encaraban la etapa con optimismo y trabajo duro mientras que otros no dejaban de lamentarse por la lesión sufrida y caían más y más profundamente en un agujero negro.

Es a través de las enseñanzas de mi padre, quien es a la vez mi Maestro, que pude atravesar esta etapa difícil en la vida y recuperarme no sólo mentalmente sino también recuperar la movilidad del cuerpo.

Mi manera de entender la lesión fue considerarla como una señal para re-evaluar el estado y el camino de mi vida en aquel entonces y analizar si había algo que debería cambiar. De hecho, a raíz de esa lesión organizo mis prioridades y mis tiempos de otra manera y puedo dedicarle tiempo a algunos objetivos que tenía en mente cumplir pero nunca encontraba tiempo para dedicarme a ellos.

La vida está llena de imprevistos que nos influencian en diferentes medidas; algunos dejan huellas para siempre, mientras que otros son pasajeros. Independientemente de la duración, es importante poder hacer frente a estos imprevistos y aprender a convivir con ellos. Por eso es fundamental planificar bien la vida para que esos imprevistos no nos desvíen de nuestros objetivos.

¿Por qué me pasa esto a mí? ¿Por qué me toca sufrir tanto? ¿Por qué las cosas no me salen como esperaba a pesar de haberle dedicado mucho esfuerzo?

¿Cuál es el objetivo de la vida? ¿Cómo puedo planificar mi vida? ¿Cómo puedo mejorar mi futuro?

¿Cómo puedo mejorar mi estado de ánimo?

¿Por qué a pesar de tener éxito profesional me siento vacío o no soy feliz?

¿Cómo puedo mejorar mi calidad de vida?

Si estas preguntas despiertan tu interés, tienes en tus manos el libro adecuado. Su lectura te aportará lo que necesitas saber, aprender y hacer para tener una vida enriquecedora y satisfactoria. Es apto tanto para aquellas personas que anhelan una vida mejor como para aquellos que están conformes con su vida actual y desean mantenerla.

A través de la experiencia acumulada en el trato con pacientes y alumnos y de las situaciones experimentadas en persona, es nuestro deseo poder animar a las personas a no darse por vencido, en cambio, tratar de entender el por qué ocurren esas situaciones para aceptarlas y luego poder encontrar una manera adecuada de encararlas.

ACERCA DE LOS AUTORES

Eco interior es el pseudónimo elegido por los autores Piao Sheng Chao y Tzu Chí Chao. Representa la repetición sonora de la voz del alma que se encuentra en el interior de cada uno de nosotros.

El Maestro Piao Sheng Chao es discípulo del Maestro Wang Shu Jin, de quien aprendió los tres estilos internos Tai Chi Chuan, Pakua Chang, Hsing I Chuan. También aprendió en Taiwán la disciplina del Shi Sue Kong y desarrolló su propio método de Chi Kong, para el manejo de energía. Es director de la Escuela Cheng Ming de Argentina, llegó a la Argentina en 1985 y se dedica a la difusión del vegetarianismo, de las artes marciales internas, de la filosofía oriental como el I Ching, Feng Shui, la Meditación y a la práctica de la Medicina Tradicional China.

A lo largo de su práctica como acupunturista, Piao Sheng Chao tuvo la oportunidad de ver y escuchar los padecimientos de muchos pacientes. Además, como Maestro de Tai Chi Chuan, Pakua Chang, Hsing I Chuan, Chi Kong y Shi Sue Kong atiende continuamente las inquietudes de los alumnos.

Es autor de los libros 'Bajo el árbol' y 'Vibrando en la Naturaleza'. El primero contiene una recopilación de las charlas con los alumnos de Tai Chi Chuan bajo la sombra de un pino histórico en las Barrancas de Belgrano de la Ciudad de Buenos Aires. Para él, la práctica del Tai Chi Chuan no sólo es un arte marcial sino también una filosofía de vida y a través de las charlas su objetivo es tanto instruir a los alumnos en esta filosofía así como también aclarar sus dudas. En la obra 'Vibrando en la Naturaleza' se presenta un método de Chi Kong por él que apunta al cultivo de la salud, la mente y el espíritu, al tiempo que despierta la conciencia del practicante sobre la necesidad de conectarse con la Naturaleza sabia y adoptar una conciencia y un estilo de vida más ecológica.

Por otra parte, cuando en el año 1992 se fundó en Buenos Aires la oficina en Argentina de la Fundación de caridad Tzu Chi de Taiwán, él y su esposa se unieron al grupo de voluntarios. Allí donde hubiera ocurrido algún desastre natural, inmediatamente llegaba el trabajo de los voluntarios, que aparte de no ganar una moneda haciendo el trabajo, pagaban los viáticos de sus propios bolsillos. Ese es el concepto de la Fundación Tzu Chi: hacer voluntariado sin esperar nada a cambio. Lo que ganaba uno era experiencia y cada miembro se sentía agradecido por poder brindar la ayuda a los necesitados y sacarlos del apuro ante los rostros de desesperación y desconcierto de las familias por haberlo perdido todo. Un tiempo después, comenzaron con tareas educativas en algunos hogares de niños, no sólo proveyéndoles ayuda material sino también incentivándolos a seguir el camino correcto a través de cuentos y juegos, ya que cuando el tronco de un árbol crece torcido, luego se necesita emplear mucha más fuerza para tratar de enderezarlo.

Tzu Chí Chao -toda coincidencia con el nombre de la Fundación mencionada anteriormente es cuestión de traducción- es la hija menor de Piao Sheng Chao, nacida en Taiwán, emigró con su familia a la Argentina a temprana edad. Allí creció, realizó sus estudios y comenzó de pequeña a aprender algunas de las disciplinas marciales mencionadas anteriormente y lo sigue haciendo en sus tiempos libres, ya que es un aprendizaje que se puede profundizar durante toda la vida. Su familia la considera una persona con curiosidad, de pequeña cuando se rompía algo o dejaba de funcionar trataba de buscar el origen del problema y repararlo. Actualmente vive y trabaja en Alemania.

Debido a un acontecimiento personal decidió tomar como base las enseñanzas de su padre, profundizarlas junto con él y de ahí nació la presente obra, que también sirvió para superar sus momentos difíciles, es también quien redacta en primera persona en la presente obra. Es el deseo de ella poder difundir esta obra tanto para las personas que pasan por momentos difíciles como para quienes desean superarse.

¿POR QUÉ LEER ESTE LIBRO?

¿Sabías que...

- ... planificar la vida de acuerdo a las cuatro estaciones del año hace a una vida enriquecedora y significativa?

- ... todos los seres vivos tenemos una misión que cumplir?

- ... lo que ocurre en nuestras vidas tienen una causalidad y no son mera casualidad?

- ... conocer lo amargo en la vida nos permite valorar lo dulce y agradecer cuando lo recibimos?

- ... la vida nos somete a pruebas que son ocasiones para aprender y fortalecerse, por eso no hay que darse por vencido?

- ... trabajar en el éxito interno brinda bienestar y felicidad?

- ... el pensamiento positivo sumado a las acciones positivas realizadas con amor, compasión y misericordia genera una alegría que disuelve las preocupaciones?

- ... tener un cuerpo sano y mente sana son la base para una buena calidad de vida?

Este libro es de lectura obligatoria para quienes desean entender estos y otros aspectos de la vida relacionados y mejorar la calidad de vida. Está escrito con un lenguaje sencillo, con el objetivo de que sea fácil de comprender, con comparaciones y semejanzas a objetos o situaciones de la vida cotidiana. Contiene además ejercicios de calistenia para ejercitar el cuerpo diariamente con el objetivo de contribuir al bienestar corporal y también ejercicios de reflexión para poner en práctica lo leído y así facilitar la adquisición de nueva información y consolidar los nuevos aprendizajes.

Está compuesto por los siguientes ocho capítulos:

1. Las estaciones de la vida
2. Planificar la vida
3. Destino, suerte, causa y consecuencia
4. Miedos y sufrimientos
5. Estado de ánimo
6. Éxito
7. Nuestros pensamientos
8. Mejorar nuestra calidad de vida

Se recomienda que la primera lectura se haga en este orden para una mejor comprensión. Hacia el final del libro se encuentra un anexo con mensajes motivadoras, son frases derivadas del contenido del libro y que serán de utilidad tenerlas presentes diariamente.

En algunos capítulos brindamos unos consejos para incentivar a los padres con el fin de que puedan aplicarlos en su contribución en la educación de sus hijos. Estos consejos sirven también para los abuelos hacia sus nietos.

1

LAS ESTACIONES DE LA VIDA

 Piao Sheng:

"Algunos pacientes mayores, ya jubilados, se quejan de la soledad. Por eso, prepararse para el futuro es algo muy importante en la vida. Cuando uno es joven y está en actividad hay que prepararse y hacer planes para cuando llegue la época del retiro. Hay que empezar a entrenar el cuerpo y la mente cuando uno es joven para que cuando estemos jubilados podamos hacer todas las cosas que ahora no podemos hacer porque tenemos que trabajar. Si no empezamos a entrenar ahora, cuando seamos viejos y queramos hacer cosas, no vamos a poder porque el cuerpo no nos lo permitirá."

Seguramente todos conocen a fondo el funcionamiento de las cuatro estaciones del año. En cambio, el hecho de que el transcurso de la vida humana se puede dividir en estaciones de la vida similares a las cuatro estaciones del año, es algo que no se oye nombrar frecuentemente. La idea detrás de ella es dividir y planificar nuestras vidas en cuatro estaciones de la vida de manera que el funcionamiento de cada estación se corresponda con una estación del año. El desarrollo humano es un proceso comparable con el proceso de plantación: primero hay que plantar la semilla, brindarle los cuidados necesarios para que tenga un crecimiento propicio, para que más tarde salgan los primeros frutos. Esos frutos se van madurando con el tiempo hasta que finalmente llega el momento tan ansioso de la cosecha. Pero si ahí concluye el proceso, no habría cosecha para el próximo año, por eso, un proceso de plantación se completa preparando la semilla para el año siguiente. Si aplicamos este mismo pensamiento para nuestras vidas, podremos vivir una vida enriquecedora y significativa. Si logramos vivir a pleno todas las etapas, tendremos una vida perfecta, ya que podremos cumplir con todos los objetivos de la vida y actuamos de acuerdo al funcionamiento de la naturaleza, que es sabia.

Primavera

Desde el nacimiento hasta aproximadamente los 20 años

de edad, abarcando las épocas del bebé, la niñez y la adolescencia, se corresponde con la primavera. Nuestro nacimiento es como el brote de la semilla, que necesita de agua, abono y luz solar para crecer. De vez en cuando aparecen malezas alrededor del brote que compiten por el abono disponible, son como las malas influencias que ocurren y que debemos tratar de erradicarlas cuanto antes. A través del cultivo del aprendizaje y la educación es esta la fase de aprendizaje y crecimiento. Tengamos en cuenta que todo lo que se aprende en esta etapa, sea para bien o para mal, tiene influencia en toda la vida.

Verano

A partir de los 20 años de edad entramos en la estación del verano. Ya pasada la fase de aprendizaje mayormente teórico, es este el momento de profundizar y enriquecer el conocimiento a través de la experiencia de campo. Luego de varios años de experiencia y de sobreponerse a varios huracanes y tormentas, estamos en condiciones de desplegar nuestra habilidad. Si el proceso de plantación hasta aquí fue favorable, podremos ver los signos de los primeros frutos.

Otoño

Aproximadamente a los 40 años de edad entramos en la estación del otoño. Muchos ya disfrutan en esta estación del éxito profesional, mientras que otros siguen desarrollando sus habilidades para mejorar, eso depende de las condiciones físicas de cada persona, que tiene relación directa con la "nutrición" adecuada, es decir, el aprendizaje en la estación primaveral para el crecimiento y la experiencia adquirida durante el verano. En el transcurso del otoño los frutos maduran hasta que finalmente llega el momento de la cosecha. La calidad de la cosecha depende de la calidad de la semilla y el cuidado que le dedicamos en las etapas anteriores.

Invierno

Entrada a la edad de los 60 años, entramos en la estación del invierno. Pasados los diferentes procesos en la vida, estamos en condiciones de ayudar a los jóvenes que se encuentran en la fase de aprendizaje o a aquellos que desean emprender proveyéndoles la experiencia y los conocimientos adquiridos. Por un lado, enseñamos a la siguiente generación y por otro lado es la oportunidad para repasar y organizar de manera sistemática la experiencia de vida obtenida, de esta manera se tiene una memoria más profunda sobre ella para que perdure para la próxima vida.

¿Hay una próxima vida? La mayoría de las personas asocian el concepto de reencarnación con una creencia religiosa del Oriente, sin embargo, hoy en día se sabe que este concepto ha formado parte de otras religiones durante la historia y también diversos psiquiatras han realizado investigaciones al respecto tanto hacia finales del siglo pasado como durante este siglo, como por ejemplo Jim B. Tucker, Brian Weiss y Raymond Moody. Algunos no sólo han tratado pacientes con resultados exitosos utilizando el concepto de la reencarnación, sino que también han obtenido valiosos conocimientos al respecto a través de ellos.

Planificar el retiro

Cuando uno está en edad activa, con trabajo, tiene que pensar y planificar qué va a hacer cuando se haya jubilado. Es importante que, al retirarse, la persona no se quede sin hacer nada, ya que provoca graves trastornos físicos y mentales; el trabajo hace a la salud. Hay que prever qué vamos a hacer cuando nos retiremos. Con eso no nos referimos únicamente a tener suficientes ahorros para enfrentar situaciones de emergencia, eso es importante, pero es más importante mantenerse en actividad, realizar una actividad que sea útil para tanto uno como para los demás.

Una buena forma es hacer trabajo de voluntariado, que permite cumplir una función y mantener la mente sana. Dependiendo de la profesión o habilidades desarrolladas durante la vida, se podrá contribuir siguiendo con esa actividad o incluso aprender nuevas habilidades, sea de una u otra forma, ayuda a mantener activas las neuronas, impidiendo el deterioro del sistema nervioso.

También se puede apoyar a los hijos y/o nietos en lo que hacen, brindando la propia experiencia adquirida durante la vida a través de consejos y demostraciones.

Mi abuelo paterno vivió hasta los 99 años. Luego de su retiro dedicó gran parte de su tiempo a cuidar el jardín de su casa, en donde tenía una huerta familiar. En los últimos años, afectado por una reducción en su movilidad, se dedicó a hacer manualidades decorativas, como animales tallados en madera. Para ello buscaba ramas de árboles que tuvieran una forma similar a algún animal y luego los trabajaba para darle la forma deseada.

Mantenía una mente muy simple y la limpiaba frecuentemente copiando los textos budistas en caligrafía china. Él siempre se alegraba cuando recibía visita pero no sufría en los momentos de soledad, ya que dedicaba ese tiempo para hacer cosas con sentido.

Mucha gente tiene un determinado talento pero no se da cuenta de ello, por eso es importante probar una variedad de disciplinas durante toda la vida. La disciplina en la que tenemos talento, en la que nos resulta más fácil en comparación con otras personas, tiene que ver con el gen que dejamos en la vida anterior.

Vale aclarar que las edades correspondientes a las estaciones son aproximadas y la duración de cada estación también puede ser relativa y variar de persona en persona. Algunos ya pueden ver los frutos de sus cosechas teniendo unos 30 años, por lo que estarían transcurriendo la estación del otoño. Otros deciden retirarse antes de entrar en sus 60 años, por lo que el invierno para ellos llega también antes.

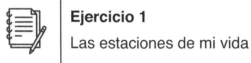

Ejercicio 1

Las estaciones de mi vida

A. Mi estación actual

Edad	Estación en la que me encuentro

Si pasada la edad preestablecida todavía no me encuentro en la estación deseada, ¿qué me falta para llegar a eso y cómo podría lograrlo?

_____

_____

_____

_____

_____

_____

B. Planificación de mi retiro (actividades, proyectos, etc)

_____

_____

_____

_____

_____

_____

Plantar la semilla

Así es como la vida funciona de acuerdo a las cuatro estaciones de la naturaleza, como una planta que en la primavera germina y va creciendo; durante el verano se fortalece y produce los primeros frutos; en el otoño el fruto madura y es la época de la cosecha. Finalmente, en invierno guardamos la semilla y nos preparamos para brotar en la siguiente primavera, que es en la próxima vida.

Si en la siguiente vida continuamos con el desarrollo de la disciplina que nos interesa o con la que ya estuvimos trabajando anteriormente, la experiencia adquirida en las vidas anteriores nos sirve como base para profundizar el desarrollo y así avanzar más rápidamente.

Más de uno se preguntará cuándo es el momento de plantar la semilla. Durante el invierno elegimos la semilla, la trabajamos y la guardamos, así como para plantar la semilla debemos elegir un sitio apropiado, preparar la tierra y elegir la semilla correcta. Durante el embarazo de nuestras madres es el momento en el que se planta la semilla, pero esta semilla no es elegida por alguien externo a nosotros, sino la que elegimos y guardamos en nuestro último invierno.

Qué conviene tener en cuenta durante el embarazo

Estando en la panza de la madre, el feto ya puede percibir y escuchar lo que pasa alrededor. Por eso los padres pueden empezar la educación de su hijo desde el momento de la gestación, pueden preparar el terreno para la llegada del hijo e ir orientando el futuro del mismo. Hablándole, explicándole, enseñándole cosas valiosas. El embrión escucha todo, absorbe todo lo que los padres piensan, dicen, sienten y hacen, por lo que después del nacimiento ya tiene más claro lo que tiene que hacer. Si antes de la concepción los padres se ponen de acuerdo sobre el futuro que desean para su hijo, estarán preparando el terreno propicio para un alma afín con este proyecto. Si los padres desean, supongamos, que el hijo sea médico, pueden investigar e informarse sobre la medicina y hablarle al embrión frecuentemente sobre la medicina.

Hoy en día los chicos están muy nerviosos e inquietos. En parte, esto se debe a que estando en el embrión son testigos de peleas, discusiones y están expuestos a todo tipo de mala energía. Muchos creen que el bebé en la panza no escucha ni entiende nada. Están equivocados. El bebé en el útero medita, escucha y percibe todo lo que piensa, dice y siente la madre y su entorno.

Qué NO conviene hacer durante el embarazo

Por otro lado, hay algunas precauciones que se deben tomar cuando una mujer está embarazada para no influir negativamente en el feto. Una mujer embarazada no debe asistir a ningún velorio o entierro, ya que en esas ceremonias se movilizan energías negativas muy fuertes que podrían chocar con la energía del feto y perjudicarlo severamente.

Además, durante el embarazo no se deben hacer grandes modificaciones en la casa, especialmente en el dormitorio, es importante no clavar clavos ni mover muebles de lugar, en especial la cama,. Por el contrario, conviene mantener un clima de calma y estabilidad. Por eso, tampoco es bueno realizar una mudanza durante el embarazo, ya que todos estos movimientos pueden influir en el campo de energía del feto y después los chicos pueden nacer con problemas y nadie entiende por qué. En Occidente todas estas cosas no se suelen tener en cuenta, pero estas energías, aunque no se ven, existen e inciden sobre los seres vivos.

Consejo para padres

Una vez que entendemos cada estación de la vida, es importante ponerlo en práctica y ayudar a nuestros hijos, especialmente mientras transcurren por la estación primaveral, para asegurarnos que van por el buen camino, tratando de eliminar las malezas que pueden influir negativamente en ellos cuanto antes, ya que mientras más tiempo transcurre, las raíces de las malezas se fortalecen más y cuesta cada vez más eliminarlas. Conviene guiarlos a dar los primeros pasos de manera estable y constante, ya que es una buena base para el resto de la vida.

Sin embargo, en la educación de los chicos hay que tener en cuenta de no herirlos. Los chicos necesitan que se les ponga límites, pero al hacerlo hay que tener cuidado con el modo, porque las heridas en la mente o en el corazón, quedan para siempre.

Por ejemplo, el pino que se halla en una plaza que frecuentamos tiene en su base una cicatriz muy antigua. Parece que cuando el árbol era joven, lo ataron muy fuerte con algún alambre o soga, tal vez para sujetarlo a una guía que le permitiera crecer derecho. El tiempo pasó, pero la marca aún sigue ahí. Esto nos demuestra que las cicatrices de las primeras etapas de la vida quedan para siempre.

La mejor manera de evitar herir a los niños es que el adulto que pone los límites sea consecuente con lo que dice, que sea íntegro. Que el niño vea que el adulto también respeta las normas que impone. Cuando el chico ve que el adulto dice una cosa pero hace otra, piensa que los límites que se le imponen son injustos, y desconfía del mundo de los adultos.

Ante la llegada del propio invierno, el hecho de poder ayudar a la próxima generación no sólo es un buen acto, sino que nos mantiene bien mentalmente. Si no estamos en condiciones de ayudarlos porque no tenemos el conocimiento requerido, podemos ayudarlos a encontrar mentores.

 Lecciones aprendidas

Planificar la vida de acuerdo a las cuatro estaciones:

- Primavera (0 - 20 años): fase de aprendizaje.
- Verano (20 - 40 años): fase de profundización.
- Otoño (40 - 60 años): fase de disfrute del éxito.
- Invierno (a partir de los 60 años): fase de consolidación y transferencia de la experiencia de vida.

Es importante mantenerse activo física y mentalmente durante el retiro. Ejemplo de actividades para lograr ese objetivo pueden ser trabajo de voluntariado, ayudar a las siguientes generaciones brindando la experiencia de vida adquirida, manualidades, etc.

El aprendizaje comienza desde la gestación, durante esta etapa los padres pueden prepararle el terreno a la hija o al hijo. Es importante mantener un entorno armónico, evitando grandes discusiones y modificaciones o movimientos en la casa.

2

PLANIFICAR LA VIDA

Los seres vivos llegamos al planeta Tierra con una misión que cumplir, que varía de persona en persona. No todos pueden ser Presidente de la Nación. También es necesario que haya gente que cure a los enfermos, que recoja la basura todos los días, que coseche las manzanas, etc. Hay infinidad de misiones y todas tienen en común el hecho de que sirven para ayudar al prójimo y el aporte de cada una de las misiones individuales sirve para que el mundo funcione un poco mejor.

No sólo los seres humanos tenemos misiones que cumplir; las plantas y los animales también. Las plantas tienen la misión de purificar el aire y los animales tienen cada uno una misión variada, a veces no son ellos mismos quienes pueden decidir cuál es su misión sino que el ser humano les impone una misión, como ocurre cuando se pone a trabajar a una vaca en el campo, al utilizar los caballos como medio de transporte o al camello como medio para la carga de objetos.

Hasta ahora mencionamos las misiones constructivas que tienen que ver con el amor y la compasión, pero también hay quienes se dedican a hacer daño y provocar sufrimiento. De alguna manera, ellos también cumplen una misión. Por ejemplo, los Estados Unidos ha tenido problemas con la superpoblación de ciervos en varias partes del país, a veces hasta tal punto que se convirtieron en plagas para los propietarios de las viviendas urbanas y suburbanas. Como consecuencia de eso, se llevaron a cabo varias investigaciones científicas para determinar los métodos para controlar la población de ciervos, en algunos casos la solución fue la introducción de lobos. En este ejemplo, a primera vista pareciera que los lobos cumplen una misión dañina pero en realidad su misión es mantener la población de los ciervos.

Las personas que deciden cumplir una misión que implica hacer daño también están generando un karma negativo que tendrán que pagar en esta vida o en las siguientes. Como ser humano tenemos la posibilidad de elegir nuestra propia misión, por lo que se recomienda elegir una misión constructiva.

¿Cómo nos damos cuenta cuál es nuestra misión en la vida?

Cada uno tiene que hacer su propia búsqueda personal. La misión suele estar relacionada con aquella actividad que a uno le resulta fácil y placentera. Hay quienes deben insistir y realizar una búsqueda más profunda; probando más y no desistir hasta encontrar lo suyo., mientras que otros tienen en claro su misión desde temprana edad. Hay gente que piensa que probar es perder el tiempo, pero si pensamos que invertimos tiempo para ganar experiencia, es algo que vale la pena. No hay que esperar a que las soluciones vengan a uno, sino salir en busca de ellas.

Algunas preguntas que nos podemos hacer para encontrar nuestra misión en la vida podrían ser:

- Recordar sobre la infancia: ¿Qué ambiciones o sueños tenía en mi infancia? ¿Qué roles solía tomar?

- ¿Qué me gustaría lograr en el ámbito privado, laboral, a nivel de pareja y familia, en el ámbito financiero, en cuanto a mis intereses, en cuanto a mis capacidades?

- ¿En qué ayudo y me siento bien haciéndolo?

- ¿Qué capacidades y habilidades tengo?

- ¿Qué actividades o tareas han hecho sentirme contento y satisfecho en mi vida hasta ahora? ¿Quién más estuvo involucrado? ¿Qué fue lo que hizo sentirme feliz?

- ¿Qué me agradecen a menudo los demás?

- ¿Cómo me gustaría ser recordado?

- ¿Cuál es el impacto que quiero crear en este mundo?

A veces la misión y el medio de vida están en sintonía; otras veces la persona trabaja en un área, pero su misión tiene que ver con otra actividad; otras veces el trabajo es el medio para lograr la misión. Lo mejor sería poder integrar trabajo y misión, y cumplir ambos al mismo tiempo. Hay muchas personas que se hacen famosos por medio de su trabajo como empresario, deportista, animador, etc. y luego utilizan la fama y su riqueza como medio para crear una fundación y ayudar a la gente necesitada. Este es un buen ejemplo de integración del trabajo y misión.

Determinados aspectos nuestros y del entorno que nos rodea pueden influir en la elección de la misión, como por ejemplo:

- Recuerdos y experiencias de nuestra infancia.

- Nuestra situación corporal, psicológica, económica así como también nuestra salud.

- El entorno social que nos rodea.

- Las capacidades y habilidades adquiridas.

- Personas, con las que nos cruzamos en nuestra vida, con las que frecuentamos y personas que tomamos como modelo a seguir y evaluar si podemos seguir sus pasos.

Es importante que la misión esté relacionada con una actividad que esté a nuestro alcance, está claro que vamos a tener que trabajar para lograrlo, pero la idea no es elegir una misión el cual no nos sea casi imposible lograr o que nos propongamos lograrlo en un intervalo de tiempo utópico, ya que de esta manera sólo cosecharemos insatisfacción y desilusión por no poder lograr la misión y a la larga nos puede hacer caer en una depresión.

Algunas personas reciben influencia externa en cuanto a la elección de la misión, ya sea porque no tienen en claro cuál es su misión y por eso adoptan la misión de alguna persona cercana o se deciden por una misión con el objetivo de recibir el reconocimiento de los padres, familiares u otros conocidos. Esto puede ser contraproducente, ya que esas personas no necesariamente se sienten identificados con la misión y se dejan arrastrar sólo por la corriente. Cuando aparezcan los primeros obstáculos falta esa motivación y perseverancia necesarias para sobreponerse y de este modo pueden sentirse frustrados y desbordados fácilmente.

 Ejercicio 2
Mi misión

A. Si ya has elegido tu misión, podrías escribirla nuevamente para tenerla presente:

Mi misión es _____

_____

_____

_____

La elegí porque _____

_____

_____

_____

_____

B. Si aún no tienes en claro tu misión (por supuesto que no es una elección para tomar en forma espontánea, pero estos puntos te podrían ayudar):

Mis capacidades/habilidades son:

_____

_____

_____

_____

_____

_____

De pequeño/a soñaba ser:

_____

_____

_____

_____

_____

_____

Disfruto haciendo las siguientes actividades:

_____

_____

_____

_____

_____

Soy bueno/a ayudando en:

_____

_____

_____

_____

_____

_____

Cumplir nuestra misión

Una vez que encontramos nuestra misión, es importante tenerla presente en todo momento. En la vida nos encontramos constantemente con ramificaciones en el camino, momento en el cual debemos tomar decisiones y establecer prioridades. Si tenemos presente nuestra misión, nos será más fácil elegir el camino correcto porque sabemos a dónde queremos llegar y de esta manera podemos determinar los pasos a seguir. Teniendo en claro nuestra misión nos da un impulso para esforzarnos más con el objetivo de lograrlo, nos motiva y nos proporciona la energía necesaria para continuar con nuestra vida, nos provee perseverancia cuando nos encontramos con obstáculos.

Teniendo presente nuestra misión podemos darnos cuenta si hemos hecho los progresos necesarios o nos desviamos de ella. Cuando hayamos logrado lo propuesto en nuestra misión, sentiremos autoafirmación y satisfacción interior que nos hará vivir felizmente.

Mucha gente va por la vida como jugando, sin darse cuenta de lo que hace y sin conciencia de su responsabilidad. Mucha de esa gente es la que hace daño y provoca sufrimiento a los demás. Puede suceder también que en algún momento de su vida la persona se pregunte qué está haciendo con su vida y decida cambiar para empezar a cumplir una misión positiva y amorosa.

Todos pensamos en ser exitosos en la vida, pero ¿cómo llega el éxito? Si uno no hace nada, el éxito no viene solo. Si nos fijamos en cualquier persona exitosa veremos que hay mucho esfuerzo, trabajo disciplinado y sufrimiento detrás de ese éxito. Primero, hay que definir bien los objetivos de cada etapa de la vida. Luego, elaborar un plan de acción y ponerse a trabajar en pos de ese objetivo.

Podemos utilizar algunas fechas claves, como nuestro cumpleaños, Año Nuevo o alguna fecha que elijamos como hito de control para hacer introspección y mirar hacia atrás para evaluar qué cosas hicimos bien y qué cosas hay que corregir. Si estamos en el camino correcto de acuerdo a la misión que elegimos o si ya nos desviamos del camino.

De esta manera, el cumpleaños no es sólo una excusa para festejar y comer más. La costumbre de pedir deseos el día del cumpleaños es muy buena; hacer planes, tener deseos, es muy estimulante, pero al día siguiente hay que ponerse a trabajar para que se conviertan en realidad. Es importante darle sentido a nuestra vida y trabajar en ese sentido. Mucha gente desperdicia su tiempo de vida como si nada tuviera sentido, como si todo fuera pura diversión. El humor y la risa son cosas buenas, pero tiene más sentido utilizarlos con un fin elevado, para enseñar.

Es beneficioso llevar un diario personal, anotando todos los días lo que hicimos, sentimos y lo que nos pasó. Revisar el diario personal puede ser muy estimulante, al descubrir cuántas cosas hemos superado y cuánto hemos logrado.

Si uno quiere vivir, supongamos, cien años, sabrá cuánto tiempo le queda para cumplir con sus objetivos. De esta manera, sabrá si tiene que apurar el paso o no. Si en el pasado no hizo las cosas bien, ahora tendrá que trabajar más duro para poder cumplir con sus metas en la vida. Lo importante es que al llegar el próximo hito de control tengamos más experiencia.

 Ejercicio 3

Mi balance de avance anual

A. ¿Qué capacidades/habilidades he aprendido o mejorado con respecto al año pasado?

_____

_____

_____

B. ¿Qué quiero aprender y mejorar en cuanto a habilidades o aspectos de mi personalidad para el desarrollo de mi misión en este año?

_____

Claves para el éxito

Hay tres atributos fundamentales para realizar la misión de manera exitosa, ellos son la disciplina, la paciencia y la concentración.

Disciplina para llevar a cabo lo que debemos hacer, para avanzar día a día en nuestra misión y vencer los límites que a veces nos imponen la pereza y la soberbia. Aquí está incluída la fuerza de voluntad, la capacidad para gestionar nuestro comportamiento, acciones, actitudes, atención y nuestras emociones.

Paciencia para dar tiempo a que el fruto de nuestro esfuerzo madure y de esta manera poder ver los primeros resultados. Además, si comparamos el proceso de realización de la misión con subir una escalera de muchos escalones, en donde la meta final se encuentra en el escalón más alto, la paciencia nos permitirá subir la escalera de a un escalón a la vez, a pasos firmes y no estar preguntándose constantemente "¿cuánto falta para llegar?", ya que es agotador y no ayuda a aprender ni a llegar a la meta. Lo mejor es enfocarse en el escalón que estamos pisando.

Concentración para focalizar la mente en lo que estamos haciendo, dejando de lado cualquier otro pensamiento y de esta manera mejorar la efectividad. El desarrollo de la concentración permite encontrar la esencia de los fenómenos y eso potencia nuestras vidas, no importa a qué nos dediquemos.

Cada uno de estos atributos es importante y funcionan si van juntos. De poco sirve por ejemplo la concentración si no va acompañada de la disciplina y la paciencia. Por otro lado, el cultivo de uno de ellos potencia a los otros dos.

El conjunto de estos tres atributos le dan espíritu a la actividad y cuando en la actividad hay espíritu, se siente alegría, vitalidad, satisfacción y se busca la perfección con entusiasmo.

 ## Consejo para padres

Siendo padres conviene prestar la atención necesaria a los hijos para ayudarlos a descubrir los talentos que poseen, incentivarlos a que prueben diferentes disciplinas. Acompañarlos especialmente durante su infancia, estar cerca de ellos, saber qué están haciendo, ya que puede ser un indicio de su talento y jugar con ellos. Para jugar no es necesario tener muchos juguetes, a veces con un solo juguete alcanza, se le puede enseñar cómo usar el juguete de diferentes maneras. Jugando así se puede estimular la mente y la imaginación de los chicos, de esta manera descubrir nuevos horizontes. No es necesario darles muchos juguetes a los chicos, ya que puede ser un derroche de dinero, no necesariamente ayuda a que aprendan e inculca un hábito consumista que con el paso del tiempo puede ser dañino.

En varios casos es necesario practicar la

insistencia, ya que mucha gente es por naturaleza algo más perezosa, por lo que necesitan del aliento de los padres, del apoyo y del empuje para seguir por el camino. También ayudarlos a levantarse cuando encuentren obstáculos en el camino para animarlos a perseverar de todos modos.

 Lecciones aprendidas

La búsqueda de la misión en la vida es una tarea personal, que se puede realizar evaluando los criterios presentados. La misión debe ser realizable y de acuerdo a nuestras habilidades. Una vez encontrada la misión, debemos tenerla presente y evaluar periódicamente si vamos por el camino correcto. Las claves para ejecutar la misión exitosamente se puede resumir en tres cualidades: disciplina, paciencia y concentración.

3

DESTINO, SUERTE, CAUSA Y CONSECUENCIA

¿Por qué me pasa a mí? Mucha gente se hace esta pregunta cuando le ocurre alguna desgracia, se pone en un rol de víctima. Algunos dirán: "Dios lo quiso así", pero eso no tiene sentido; no hay nadie afuera decidiendo nuestro destino, sino que cada uno de nosotros es responsable de nuestro propio destino. Lo que nos pasa hoy tiene su causa en nuestros pensamientos, palabras y acciones del pasado. Lo que pensamos, decimos y hacemos hoy será la causa de lo que viviremos en el futuro.

Entendemos por destino, de acuerdo a la definición de la Real Academia Española, como el encadenamiento de los sucesos considerado como necesario y fatal. Es decir, de acuerdo a nuestros pensamientos, palabras y acciones de las vidas pasadas, hay una sucesión de acontecimientos que nos corresponde vivir en esta vida.

La creencia popular considera que lo bueno y lo malo que ocurre en esta vida es cuestión de buena o mala suerte. En realidad la suerte no es una circunstancia casual, sino causal, ya que son las consecuencias de nuestros pensamientos, palabras y acciones del pasado. Debido a que no tenemos presente nuestras vidas anteriores, normalmente no asociamos los acontecimientos actuales con las vidas pasadas.

Relaciones interpersonales

El karma es la consecuencia de nuestros actos, pensamientos y palabras en esta vida y en vidas anteriores. A veces nos encontramos con una persona que de entrada nos provoca rechazo. Seguramente, en otra vida tuvimos algún conflicto con ella. Lo mismo ocurre con la gente con la que sentimos afinidad a primera vista: es gente con la que tuvimos un buen vínculo en otra vida.

Ahora bien, si sentimos rechazo hacia alguien porque en otra vida nos llevamos mal ¿qué vamos a hacer al respecto en esta vida? ¿Vamos a seguir alimentando el rechazo, el enfrentamiento, de manera que la rueda del odio no se detenga nunca? Tenemos justamente en esta vida la posibilidad de arreglar las cosas, lo mejor que podemos hacer es tratar de tener un buen vínculo con todas las personas con las que nos cruzamos. Porque lo que hoy damos es lo que mañana recibiremos. La vida es como un espejo que nos refleja nuestra propia imagen. Si nos paramos frente al espejo y ponemos cara triste, el espejo nos devolverá una cara triste; si ponemos una cara sonriente, nos devolverá una sonrisa. ¿Qué imagen nos gustaría que nos devuelva hoy el espejo del mundo?

En caso de que ya exista una mala relación con otro, ¿qué se puede hacer? Primero hay que buscar la oportunidad para acercarse, lo cual podría lograrse charlando de algún tema que le interese a la otra persona para romper el hielo. Otras veces se puede lograr el acercamiento ofreciéndole algún dulce como un chocolate pequeño o un caramelo a la otra persona. Otra forma podría ser ofrecer lo que necesite la otra persona si detectamos su necesidad y está a nuestro alcance.

Hay que tratar de ver al otro de otra manera y considerar la posibilidad de que uno se haya equivocado y evaluado mal a la otra persona. En ocasiones, el mal vínculo se debe a algún descontento ocurrido en vidas anteriores, si uno logra revertir ese mal vínculo con otra persona, además de lograr disolver ese disgusto, el nuevo vínculo, más positivo, se puede volver más poderoso.

No podemos ir por la vida esperando que los demás nos den. Si todo el mundo actuara así, nadie daría nada. Es mejor dar. De esta manera vamos a recibir de los demás en la misma medida en que dimos, o más. Entonces, si tengo un mal vínculo con otra persona, no voy a esperar a que el otro tenga un gesto de acercamiento. Voy a dar yo el primer paso para tratar de construir una relación mejor.

El karma suele asociarse a la deuda, pero es mejor ver el karma de otra manera, como un proceso de cultivo y siembra. Todo lo que pensamos, decimos y hacemos será una semilla. Cuando pensamos, hablamos y actuamos con odio, estamos plantando la semilla del odio. ¿Qué fruto vamos a obtener cuando llegue el tiempo de la cosecha? Cuando una persona le hace algo malo a otra está plantando una semilla que le dará frutos amargos en esta vida o en la siguiente.

Para aquellos que no creen en las vidas anteriores o futuras es importante saber que, igualmente todo lo que hagamos de bueno por nosotros o por los demás nos ayudará en esta vida, no sólo en la próxima.

La pregunta clave es, ¿se puede cambiar el karma? Si uno no hace nada y continúa con la misma conducta que lo llevó a acumular ese karma, nada va a cambiar. Nuestro karma es como un camión que va por la ruta y nosotros somos un auto que va en sentido contrario. Si ninguno de los dos cambia, el choque será inevitable. Si nosotros cambiamos, frenamos o modificamos el rumbo, podremos evitar el choque frontal.

En general, a nadie le gusta perder. Todos queremos ganar, llegar primeros y peleamos para lograrlo. Este afán es el que nos lleva muchas veces a chocar con los demás, con el mundo y con la Naturaleza. La disciplina del Tai Chi Chuan, que se originó en Oriente, no sólo es una práctica para mejorar la salud, sino que a través de la práctica aprendemos a ceder, a dejar pasar a otros, como una manera meramente de defensa personal, sin atacar al prójimo. Sabemos que si se produce el choque frontal ambas partes salen lastimadas.

Se ha podido observar una gran diferencia entre practicar y no practicar. Muchas de las personas que no practican, se pasan lamentando su vida y nunca están conformes. Quien no practica no tiene la oportunidad de conocerse a sí mismo y por eso no entiende porqué le pasan las cosas que le pasan. Vive confundida y ese malestar hace que viva quejándose. Por eso es importante mirar profundamente hacia adentro de uno en forma de introspección, lo mejor es llevar adelante una buena práctica, marcada por la disciplina, la paciencia y la concentración. Esa buena práctica será una buena semilla que nos dará una buena cosecha, en esta vida o en la próxima.

 Ejercicio 4

Detectar malas relaciones interpersonales

A. ¿Hay alguna/s persona/s con la/s que no me llevo muy bien? ¿Quiénes? ¿Le he hecho daño de mi parte o ese rechazo existe desde que nos conocimos?

Nombre	Relación	Comentarios

B. ¿Qué puedo hacer de mi parte para revertir la situación?

_____

_____

_____

_____

_____

Ser responsables

Se puede relacionar al karma con la responsabilidad, esta última empieza en la mente y podemos diferenciar tres niveles de responsabilidad. Somos responsables de lo que pensamos. Debemos estar atentos a aquellas ideas que están en nuestra mente y, si son negativas, erradicarlas o dejarlas de lado. Cuando aparece una idea negativa, lo mejor es limpiarla lo antes posible, ya que cuando una forma de pensamiento se ha consolidado es más difícil de cambiar y los malos pensamientos también generan mal karma.

También somos responsables de lo que decimos. Debemos estar atentos a nuestras palabras para no hacer daño con ellas, ya que unas palabras que hieren profundamente el corazón del prójimo pueden llevarlo incluso al suicidio. Por eso es tan importante pensar lo que uno va a decir antes de hablar.

Por último, somos responsables de nuestros actos, de lo que hacemos. A veces la gente hace cosas sin darse cuenta que las hace y que provoca sufrimiento a sí mismo o al prójimo. Por eso es importante estar atentos a lo que hacemos, ser responsables desde los actos más importantes hasta los más pequeños.

Vivimos rodeados de fuerzas y factores que tienen fuerte influencia sobre nuestras vidas, pero que no podemos controlar. Lo único que sí podemos controlar y modificar es lo que pensamos, lo que decimos y lo que hacemos.

La reencarnación y la familia

En la creencia popular de Taiwán se cree que el alma reencarna, es decir, pasa de una vida a otra tomando forma en cuerpos diferentes. Este fenómeno lo describe también Brian Weiss, en su libro Muchas vidas, muchos maestros, en donde la protagonista describe lo que experimenta una vez entrado en estado hipnótico. Ese mismo personaje, Catherine, ha tomado diferentes roles en diferentes vidas y algunas de las personas con las que tuvo interacción en alguna vida anterior, pertenece a su círculo de conocidos o familiares en la vida actual. Por ejemplo, quien aproximadamente en el año 1863 a.C. fue su hija, es su sobrina en la vida actual, con la que tiene un vínculo muy estrecho; su actual psiquiatra, Brian Weiss, fue allá por el año 1568 a.C. su maestro; el pediatra que la recomendó ir al psiquiatra fue en una de las vidas anteriores su padre y lo más impactante es que en una de las vidas anteriores tomó un rol del sexo masculino y fue asesinado por un combatiente enemigo, quien en la vida actual cumple el rol de ser su esposo.

Muchos se preguntarán cuánto tiempo pasa entre la muerte y la siguiente reencarnación. Eso depende de cada uno, de su karma y de su afinidad con otras almas. Uno nace dentro de una familia y dentro de una comunidad con la que tiene afinidad y con la que pueda pagar su karma. A veces un alma reencarna en una familia equivocada y entonces, al poco tiempo, vuelve a irse. Es el caso de algunos embarazos que no llegan a término o el de bebés saludables que fallecen al poco tiempo de haber nacido. Los padres sufren lo que sienten como una pérdida sin sentido, pero seguramente lo que pasó es que ese bebé había nacido en el lugar equivocado.

A veces los roles se intercambian entre una vida y la otra. Si en una vida fuimos padres, en alguna otra vida podemos ser los hijos. Esto es debe a que en general los padres dan y los hijos reciben, entonces para pagar el karma, se intercambian los roles.

Mucha gente vive la vida sin entenderla y por eso sufre muchísimo, eso se debe en gran parte a que la mayoría de la gente no acepta la reencarnación. La mayoría cree que la vida es un segmento de recta con un comienzo marcado por el nacimiento y un fin que es la muerte, que antes del inicio no hay nada y después del final tampoco hay nada más. Ahora preguntémonos, ¿existe alguna cosa en el Universo que sea así, una recta? No, en el Universo las cosas son mas bien elipsoidales o circulares. Incluso las cosas aparentemente rectas, también tienen curvatura.

La vida también tiene más que ver con el círculo que con la recta. Lo que hacemos, pensamos y decimos en esta vida va formando dentro de nosotros una "semilla" que brotará en la siguiente vida, formando así un ciclo. Cuanto mejor sea la calidad de esa semilla, mejor será nuestro nivel en la siguiente vida.

La relación entre el karma y las enfermedades

Una de las falencias de la medicina occidental es que las personas son tratadas de acuerdo a los síntomas externos de una enfermedad, sin prestar atención alguna a la desarmonía que causa la enfermedad o desequilibrio.

Cuando la mente o el cuerpo se alejan del buen

camino, el alma sufre. El alma trata de ayudar para que la conducta cambie, pero si no lo logra, hace que el cuerpo o la mente se enfermen, a modo de protesta. Entre la gente pasa algo parecido. Si una persona tiene buena conducta, buenos pensamientos y trata de mejorar, seguramente los demás tendrán ganas de ayudarla. Si, en cambio, se trata de una persona que habla, piensa y actúa mal, nadie querrá ayudarla.

Si nos enfermamos es por alguna deuda kármica que tenemos pendiente y es por medio del sufrimiento que experimentamos a través de esa enfermedad que anulamos la deuda, pero a la vez, es la oportunidad que obtenemos para una lección de vida que nos lleva a adquirir madurez espiritual, si la persona no logra comprender la causa o no logra la madurez a pesar de la enfermedad, el proceso se repite. Para quienes entienden de videojuegos es comparable con la situación de tener que repetir el nivel del juego hasta adquirir ciertas capacidades para poder superar el nivel y pasar a la siguiente.

 Piao Sheng:

"Una señora vino a hacerse tratamiento por dolores de ciática, al momento de hacerle el tratamiento en los puntos de acupuntura, me di cuenta que tenía varias marcas en el abdomen, como si se tratara de varias operaciones, entonces me contó que ella sufre desde hace varios años de dolores abdominales. Realizados todos los tipos de estudios y agotadas todas las instancias, el médico la operaba pero no encontraba nada que pudiera causar semejantes dolores ni tampoco una explicación adecuada. Lo sorprendente es que después de la cirugía, la señora se sentía mejor por unos meses, luego volvían los dolores incrementándose en cuanto a intensidad con el pasar del tiempo, hasta que se volvía inaguantable. Entonces, otra vez la operaban para no encontrar nada y los dolores desaparecerían otra vez por un tiempo, fue así que durante un lapso de 15 años fue operada 17 veces.

Seguramente, en una vida anterior esta persona lastimó a alguien con un cuchillo y ahora está pagando esa deuda. La cantidad de cuchillazos que dio en total es la cantidad de operaciones por la que debe pasar para saldar la "deuda"."

Todos nos enfermamos en algún momento, muchas veces son enfermedades leves, que tienen que ver con el karma creado en esta vida, mientras que algunos contraen enfermedades crónicas o intratables. Estas últimas tienen que ver con karmas de mayor gravedad. Una buena manera de aliviar el karma es ayudar al prójimo, eso ayuda a que la severidad del karma se reduzca e incluso desaparezca, dependiendo de la gravedad del karma.

Incluso el Buda tenía karma. Cuenta la historia que estando Buda de visita en una aldea, una persona ubicada en lo alto de una loma echó a rodar una enorme piedra con el propósito de matarlo. Seguramente, en vidas anteriores Buda le había hecho algún daño a esta persona. Pero gracias a su buena práctica y el hecho de que llevaba a todos un mensaje de amor y compasión, hizo que su deuda kármica se redujera. La enorme piedra empezó a rodar y en su camino chocó contra una roca, rompiéndose en pequeños pedazos, uno de los cuales cayó sobre el pie de Buda, lo que le provocó sólo una pequeña herida.

Cuando las emociones enferman

Tanto en oriente como en occidente se realizaron investigaciones que derivaron en las conclusiones de que las emociones negativas como el miedo, la ira, y la tristeza, entre otros, cuando son intensos y ocurren de forma habitual, constituyen uno de los principales factores de riesgo para contraer enfermedades físicas y mentales y, consecuentemente, afectan negativamente la calidad de vida de las personas.

Según la Medicina Tradicional China, existen factores externos e internos que provocan enfermedades. Las causas de enfermedad de origen interno son consecuencia del desequilibrio energético provocado por las siete emociones que se asocian a los cinco órganos internos: la tristeza y la melancolía afecta a los pulmones, el miedo y el terror agotan a los riñones, la euforia excesiva debilita el corazón, la ira hace decaer al hígado y el pensamiento excesivo altera al bazo, eso explica por qué cuando pensamos demasiado solemos perder el apetito.

La medicina psicosomática, que es más reciente que la Medicina Tradicional China, sostiene que la psique, la mente, afecta al soma, el cuerpo, es decir, que la tensión mental influye en el estado de los tejidos corporales, de los músculos, de los órganos, de la piel, del tejido facial provocando de esta manera dolores, inflamaciones, lesiones y enfermedades.

Hay personas que tienen un pensamiento desviado y son a la vez tercos, les gusta buscar la quinta pata al gato o tirar de las patas traseras obstruyendo el avance de las otras personas, crear problemas en donde no había o incluso llevarle la contra a las personas sin una razón fundamentada. Este tipo de personas también tienen que lidiar con el karma que muchas veces se traduce en un constante malestar corporal.

A través de la manifestación de la enfermedad, se intenta captar la atención del paciente, con el propósito de colocar al paciente en unas circunstancias que le permitan conseguir un cambio de actitud mental o emocional para que el alma puede crecer.

La relación entre el karma y el talento natural

Todo ser humano viene al mundo con algún o algunos talentos, es decir, alguna capacidad concreta que la desarrolla de una manera natural, que no le supone el esfuerzo necesario que otras personas le deberían invertir y que también disfruta desarrollándola. Un talento natural podría ser el del líder, al que las personas siguen con gusto, también hay gente que es muy bueno como mediador de conflictos, hay otros que se destacan por sus habilidades físicas, musicales o intelectuales, entre otros.

¿Por qué las personas nacen con ciertos talentos? La razón es también debido al karma. Como se mencionó anteriormente, nuestros esfuerzos y acciones no desaparecen en la nada, sino que se transfieren a las siguientes vidas. Los esfuerzos y acciones de las vidas anteriores sirven como base en las siguientes, por lo que uno puede seguir construyendo el talento en base a lo que uno ya ha adquirido y mejorarlo en las sucesivas vidas.

También hay otras personas que poseen grandes talentos naturales, como por ejemplo en el ámbito del fútbol podemos encontrar a Lionel Messi. Seguramente en las vidas anteriores él practicaba con disciplina, paciencia y concentración, hasta cierto punto que logró captar la esencia y a partir de entonces los movimientos le empezaron a salir de manera muy natural.

Por eso, no hay que preocuparse que a veces invertimos ciertos esfuerzos extra en probar nuevas cosas para completar tareas, ese esfuerzo no se da por perdido, sino que sirve como experiencia en el futuro cercano o algo más lejano.

Volviendo a la búsqueda de la misión desarrollado en el capítulo anterior, por eso es recomendable probar en diferentes ámbitos y disciplinas hasta encontrar la misión más adecuada y la que más disfrutamos en el camino hacia ella para cumplirlo.

Cambiar el futuro

La Fundación Tzu Chi es una organización internacional humanitaria y no gubernamental (ONG) taiwanesa fundada por la Maestra Cheng Yen en el año 1966. Actualmente tiene sede en varios países y su propio canal de televisión.

Hace unos años, en un programa del canal de la Fundación Tzu Chi contaban la historia de una señora, puntualmente sobre cómo comenzó a hacer trabajo de voluntariado en esa Fundación desde hace ya varios años. Todo se inició cuando a los 28 años empezó cada vez más a preocuparse porque un astrólogo le había leído la mano y le había dicho que su línea de la vida era muy corta y que no iba a vivir mucho tiempo. La señora no podía dejar de pensar en ese asunto y continuamente se preguntaba cuándo le llegaría la hora fatal.

Una amiga de ella, que es voluntaria de la Fundación Tzu Chi, le dijo que fuera a hablar con la Maestra Cheng Yen, y eso hizo. Le explicó a la Maestra su preocupación por lo corta que era su línea de la vida, y la Maestra le respondió que el tamaño de la línea no era importante; que esa línea tenía que ver con su karma y con lo que había hecho en el pasado. Que lo realmente importante era lo que ella pudiera hacer de hoy en adelante.

La señora empezó a hacer trabajo voluntario y luego de varios años, como se sentía cada vez mejor, un día le propuso a su hermano menor que la acompañara a hacer trabajo de voluntariado. El hermano, que en aquel entonces tenía 41 años, le respondió que en ese momento no podía, ya que su negocio le demandaba mucho tiempo y que tal vez podría hacerlo más adelante, cuando fuera más viejo y tuviera tiempo libre. Como el astrólogo que a ella le había predicho pocos años de vida, mientras que a él le había pronosticado unos 90 años de vida, pensó que más tarde iba a poder ocuparse del trabajo voluntario. Al poco tiempo, este señor tomó demasiado alcohol, salió manejando su auto y sufrió un accidente fatal, en aquel entonces tenía 42 años. Esto nos muestra que la vida es variable. No sabemos cuánto tiempo vamos a estar en este mundo, por eso es muy importante aprovechar al máximo el presente.

A veces la astrología ayuda a comprender las cosas que a uno le pasan, como por ejemplo había una señora con un fuerte dolor de cintura que no se aliviaba con ningún tratamiento. La señora decidió ir a un astrólogo que le dijo que su carta natal indicaba que en esa etapa de su vida iba pasar un largo período de dolor físico.

Pero también es importante saber esto: cuando un astrólogo hace la carta natal debe enseñarle al cliente que no debe vivir aferrado a la interpretación de la carta natal, el futuro se puede modificar a través de lo que pensamos, decimos y hacemos. Hay que ser prudentes al interpretar la carta natal, en general es favorable tomar con pinzas el pronóstico de un buen futuro. Si la persona, confiada en ese pronóstico, se deja estar, se duerme en los laureles y no lleva a cabo buenas acciones, es probable que caiga y sufra desgracias. Si en cambio la carta natal pronostica un mal futuro, la persona puede paralizarse por el miedo o deprimirse y eso le impedirá modificar su futuro, en cambio, la actitud que se debe tomar es estar atento en todo momento y esforzarse para corregir un rumbo que puede ser peligroso. Por eso es importante explicarle a la gente que lo que muestra la astrología es una tendencia. Depende de uno continuar o modificar esa tendencia.

No hay que lamentarse por el karma que traemos o ponerse en el rol de víctima, la decisión de cambiar está en cada uno de nosotros. Si uno empieza a hacer cosas buenas, puede cambiar el rumbo de su destino y tener un futuro diferente. Por eso esta vida es para practicar y aprender; no es meramente para disfrutar. Si creemos que esta vida es sólo para disfrutar, consumiremos lo que sembramos en el pasado y no tendremos nada para el futuro. Practicar en el presente significa sembrar hoy para tener frutos mañana. La gente que vive en el campo tiene muy en claro esto. En cuanto se cosecha, ya hay que ponerse a preparar las semillas y la tierra para volver a sembrar; es un ciclo que nunca termina.

En una plaza que frecuentamos, descubrimos un día un brote de palmera que crecía en un sitio desfavorable, asomaba entre dos baldosas. Lamentablemente este brote no va a poder cambiar su futuro, en cambio, para poder crecer tendrá que luchar fuertemente. Los seres humanos sí podemos cambiar el futuro del brote. Movidos por la misericordia, podemos sacar este brote con una pala y ponerlo en una maceta y cuidarlo y nutrirlo para que se desarrolle. Así como podemos cambiar el futuro del brote, también podemos cambiar nuestro propio futuro.

La manera de cambiar el futuro es abriendo el corazón y ayudando. Actuar con amor y misericordia hacia los que nos rodean es una forma de empezar a cambiar nuestro futuro. Dejando de lado la soberbia y la codicia; dando, en lugar de esperar recibir. Allí donde estemos, ayudar a quienes necesiten ayuda, porque la ayuda que brindamos no sólo eleva al que la recibe, nos eleva a nosotros también a un nivel superior.

Por eso es tan importante el trabajo voluntario. Mucha gente trabaja pensando únicamente en ganar dinero, pero eso no necesariamente lo hace feliz. Esa gente vive estresada y busca placer y descanso en sitios donde nunca los va a encontrar. Es a través del trabajo voluntario que conseguimos bienestar, no en el sentido económico sino en los sentidos físico, mental y espiritual. Cada persona tiene una especie de depósito de bienestar, mientras más juntemos, más tendremos para disfrutar en el futuro, que se traduce en una vida con menos obstáculos y más facilidad para lograr lo que uno se propone. Si uno no cosecha bienestar, sólo va consumiendo de su depósito y en algún momento se agota.

Una estudiante italiana fue a Buenos Aires a concluir sus estudios. Debido a que le gustó mucho la ciudad, tenía ganas de quedarse pero le preocupaba la situación económica, ya que aún no poseía suficientes recursos para arriesgarse hasta poseer ingresos fijos. Unos días después recibió la llamada de su banco para confirmar una transferencia a su cuenta. Su tía le transfirió el dinero que su madre le dejó como parte de la herencia de forma secreta, habían acordado que la tía le debía transferir el dinero cuando su hija concluya la universidad y así lo hizo ella. De esta manera, la egresada italiana pudo comprarse un departamento y así pudo sobrevivir unos meses hasta encontrar un trabajo fijo. Esta historia nos demuestra que al tener suficiente depósito de bienestar, la señorita italiana pudo hacer realidad su sueño de quedarse en Buenos Aires. Hay varias cosas que podrían haber truncado su sueño, por ejemplo si no hubiera tenido los medios económicos para mantenerse. Por otra parte, si bien le correspondía la herencia, la tía podría haberse demorado en transferir el dinero y ella hubiese tenido que volverse. Entonces, esa cuota de bienestar que poseía fue la ayuda extra que recibió, así es la realidad al tener suficiente bienestar.

Por supuesto que es indispensable trabajar para mantenerse a uno mismo y a la familia, pero podemos usar parte del tiempo que sobra para ayudar al prójimo. De esta manera se benefician todos: el que recibe ayuda y también el que la brinda, porque al entrar en contacto con la gente necesitada, uno toma conciencia de todas las cosas buenas que tiene, se siente afortunado y su espíritu se fortalece.

Es importante brindar una ayuda efectiva al prójimo. Imaginemos a una persona muy pobre que despierta nuestra misericordia y deseo de ayudar. Primero tendríamos que alimentarlo, porque con el estómago vacío no se puede hacer mucho. Si nuestra ayuda terminara ahí, no sería una ayuda efectiva; sólo estaríamos postergando el pago de su karma. La forma correcta de ayudar es, luego de darle de comer, tratar de educar a esa persona para que pueda autosostenerse y, a partir de ahí, ser capaz de ayudar a otros. A través de la educación y la práctica, esa persona puede cambiar su futuro y puede ayudar a cambiar el de sus semejantes. Se genera así una cadena de amor muy potente, pero ese proceso de educación exige esfuerzo y muchísima paciencia. Hay que ser pacientes y seguir predicando buenas palabras y buenas acciones porque, a pesar de la adversidad, al final siempre dan sus frutos.

Construir nuestro buen futuro

Durante los festejos del Año Nuevo Chino, es habitual que se haga la danza del dragón en la calle. La tradición dice que si el dragón pasa frente a una casa o un comercio, ese negocio tendrá buena suerte durante el nuevo año. Mucha gente tiene la costumbre de arrancar partes del traje del dragón con la idea de que ese pedazo arrancado les va a dar buena suerte. Como resultado de esto, al terminar los festejos, el dragón acaba bastante dañado y necesita ser reparado.

Esa forma de actuar es errónea, y se basa en una idea equivocada: que la suerte viene de afuera. "Poseer tal o cual objeto me traerá buena suerte," piensa la gente que hace eso. La realidad no es así; a lo que muchos llaman "suerte" en realidad tiene una causa, y nosotros contribuimos a esa causa, la vamos construyendo por medio de sus pensamientos, palabras y acciones de todos los días.

Cuando uno nace, llega al mundo con una serie de condicionamientos muy fuertes: la genética heredada de los padres, el ambiente familiar y social, y el karma. Ese es el punto de partida. A través de las acciones y pensamientos en esta vida y la práctica espiritual uno puede elevarse por encima de esos condicionamientos, puede torcer su futuro, es decir, lo que cada uno hace con su vida, con qué personas se junta, qué camino toma. Eso ya no es destino; eso es consecuencia de las decisiones tomadas en la vida. Por eso es muy importante estar atentos al camino que recorremos cada día. Dar un paso equivocado es fácil, pero regresar al camino correcto demanda mucho tiempo y esfuerzo. A veces, yendo en auto, doblamos en la calle equivocada con mucha facilidad, pero cuando queremos volver al camino correcto, tenemos que dar mil vueltas.

Pero ¿qué ocurre al final del camino? ¿Algo de lo recorrido en esta vida se conserva en la siguiente encarnación? Lo que uno avanza en esta vida tendrá influencia en la próxima vida; si uno retrocede en esta vida, empezará la próxima vida con un gran desventaja. Por eso es importante tener buenos pensamientos, usar buenas palabras y realizar buenas acciones, porque la próxima vida la empezaremos desde un punto de partida mucho mejor.

A veces nos encontramos con personas que alcanzaron un éxito sorprendente ¿Por qué llegaron a esa situación? ¿Tuvieron suerte? Sería interesante estudiar cómo fue la vida de esas personas, qué actitud tuvieron ante el estudio, ante el trabajo, ante los fracasos y aprender de ellos. Descubriremos cosas muy interesantes y nos daríamos cuenta que su éxito no fue casualidad. Todo tiene una causa y podemos encontrar las causas del éxito o del fracaso en esta vida o en las vidas pasadas.

Es por eso que decimos de construir nuestro propio buen futuro, para diferenciarlo del concepto popular de la suerte, que posee una connotación casual.

 Piao Sheng:

"Aprovechando un fin de semana largo en Buenos Aires, me fui a caminar por Av. Del Libertador hasta el Hipódromo, nunca había estado ahí y quería conocerlo. Presencié dos carreras de caballos y vi que muchos espectadores tenían unos formularios que estudiaban atentamente, con mucha concentración.

Después bajé al subsuelo, y allí encontré numerosas máquinas tragamonedas, en total serán unas mil unidades. Todas las máquinas estaban ocupadas con gente que jugaba. Muchos se quedaban sin fichas e iban a comprar más para seguir jugando, convencidos de que en algún momento iban a ganar. Durante mi recorrida, sólo vi ganar a una señora, que tomó el dinero y se fue.

El aire en ese lugar es irrespirable, pero a pesar de eso, hay gente que se queda un día entero jugando en esas máquinas con la esperanza de ganar. Es evidente que el casino es un gran negocio, ya que todas las máquinas estaban ocupadas, todo el tiempo.

Después de ver esa situación llegué a la conclusión de que la gente, cuando quiere algo con mucha intensidad, se concentra mucho para lograrlo. En cambio, aquellas cosas que no despiertan interés, se hacen así nomás, como para zafar."

Un requisito para construir nuestro buen futuro es tener una mente positiva, y a partir de ahí, actuar de manera positiva, con amor, compasión y respeto hacia todos los seres vivos.

A través de la elección de la misión empezamos a construir nuestro propio futuro. Esta es otra de las razones por la cual debemos elegir nuestra propia misión y sentirnos muy identificados con ella. Cuando se quiere algo con mucha intensidad, uno se concentra mucho y hace todo el esfuerzo necesario para lograrlo. En cambio, aquellas cosas que no despiertan interés, se hacen así nomás, como para zafar.

Para lograr un buen futuro es necesario actuar lo mejor posible, con concentración, en el momento presente. Dar pasos firmes y seguros ahora nos permitirá llegar a un buen destino mañana. Si ahora no estoy atento al paso que estoy dando tal vez pierda el equilibrio y me caiga y me rompa un hueso y termine con una pierna enyesada. ¿Qué clase de futuro voy a conseguir si ahora no pongo atención a lo que hago? Si uno no pone atención en lo que está haciendo en el momento, el resultado generalmente no sale como uno lo esperaba.

 Lecciones aprendidas

Todos llegamos a este mundo con karmas y formamos familias de acuerdo a ellos, ya sean positivos o negativos, son el resultado de nuestros pensamientos, palabras y acciones en las vidas pasadas. Los karmas positivos constituyen nuestro talento natural, mientras que los negativos derivan en la enfermedad o sufrimiento.

La enfermedad es una oportunidad para anular la deuda kármica y a la vez para aprender. Por otra parte, las emociones negativas intensas y constantes afectan negativamente en nuestra salud.

Somos responsables de nuestros pensamientos, palabras y acciones y debemos aceptar las consecuencias que traen aparejado.

Nuestro futuro está en nuestras manos, podemos cambiarlo e incluso mejorarlo si realizamos pensamientos, palabras y acciones positivas en cada momento presente de manera concentrada y también brindando ayuda al prójimo de modo efectivo y sin esperar nada a cambio, dejando de lado la soberbia y la codicia.

4

MIEDOS Y SUFRIMIENTOS

Todos pasamos por los cuatro grandes sufrimientos en nuestras vidas: el nacimiento, la enfermedad, la vejez y la muerte. Todos nacemos y experimentamos el miedo y la angustia de ese momento único. Todos sufrimos durante el transcurso de la vida alguna enfermedad. Todos envejecemos y tenemos que lidiar con las limitaciones físicas y mentales que trae aparejado. Por último, a todos nos llega la muerte y el miedo que ésta implica. Nadie escapa a estos cuatro sufrimientos: ni el rico, el pobre, el sabio, el inteligente, el menos inteligente.

Buda llegó para enseñar al hombre que el sufrimiento y el dolor son inevitables, ya que forman parte del papel kármico de este planeta. Teniendo una actitud correcta hacia el sufrimiento nos ayudará a enfrentarnos a él. El sufrimiento se puede remediar una vez que lo aceptemos y conocemos el propósito de nuestra alma.

Miedo a la muerte

Ni siquiera el hombre sabio puede evitar nacer o morir, pero ¿qué pasa con la enfermedad y el envejecimiento? Todo aquel que tenga un cuerpo humano y que coma comida estará expuesto a la enfermedad y al envejecimiento. El hombre sabio tal vez pueda prevenir muchas enfermedades, pero no todas. También puede envejecer de mejor manera que otros, pero no puede evitar el paso del tiempo. Incluso Buda tenía un karma que pagar y sufrió enfermedades.

La gran diferencia está en que el sabio entiende. Había un monje que estaba enfermo y los médicos le dijeron que tenía tres meses de vida. Al escuchar esto el monje dijo con serenidad: "Bueno, llegó la hora de irme, terminó mi tarea aquí y ya debo volver. Me alegra saberlo." El que no entiende, al recibir una noticia como esa seguramente sentirá miedo, angustia y sufrirá mucho.

El hombre común recorre su camino por la vida dando pasos inseguros, atormentado por las malas experiencias del pasado y temiendo lo que pueda venir. El que entiende las cuestiones del alma, en cambio, camina sin temor porque acepta todo lo que le llega: lo bueno y lo malo. Lamentablemente hoy en día muy poca gente entiende las cuestiones del alma.

En la antigüedad había más gente así, gente sabia. Ahora es muy difícil porque se ha impuesto a nivel mundial la lógica de los mercados en la que lo único importante es ganar dinero y consumir. Hoy predominan la codicia y la soberbia. En los tiempos antiguos el ser humano estaba más en contacto con la Naturaleza y eso le daba cierta sabiduría que hoy es poco común. En el mundo actual, la ciencia y la tecnología se desarrollaron mucho y se masificaron. Pero no hubo el mismo desarrollo en el área espiritual, ya que la gente actual dedica mayormente de su tiempo a su profesión, pero se ha olvidado de su tarea verdadera en este mundo. A través de la profesión podemos perfeccionarnos, si le dedicamos con buena conciencia estamos desarrollando la misión.

Si desarrollamos nuestra misión de buena manera, podemos caminar hasta el final de nuestras vidas sin preocupaciones. Las personas que no logran seguir el camino de su misión, son más vulnerables a contraer enfermedades graves o temerle extremadamente a la muerte, ya que no se está en el camino correcto de cumplir la tarea en su vida.

¿Alguna vez les pasó, siendo estudiantes, que tenían que hacer una tarea para cierto día pero no la hicieron? ¿Qué sintieron al llegar el día de la entrega y la tarea no fue hecha? Para evitar esta situación tan embarazosa lo mejor es hacer la tarea todos los días. Nuestro tránsito por la vida es muy parecido a nuestro paso por la escuela. Volviendo al ejemplo del monje, él estaba satisfecho con lo que hizo durante su vida, por eso al enterarse de que llegó su momento de dejar este mundo se pone contento, como cuando alguien egresa de la escuela.

Otros sufrimientos

Además de los cuatros sufrimientos, durante la vida todas las personas nos enfrentamos en mayor o menor medida a otros sufrimientos. Estos sufrimientos son relativos a la persona, es decir, lo que para algunas personas es un sufrimiento, para otras personas no lo es.

A todos nos toca algo por el destino y, aunque no nos guste, es bueno aceptarlo y vivirlo. El hecho de no poder disfrutar de la manera en que el mundo actual entiende el disfrute, es parte del crecimiento. Por eso debemos aceptar con alegría las cosas que nos llegan, aunque no sean agradables, porque nos ayudan a crecer y a estar mejor, en esta vida o en las futuras. Esa aceptación del dolor hace que podamos cambiar nuestro futuro y que generemos buen karma. Los momentos de sufrimiento son el momento para ir quemando el karma negativo.

Para muchas personas el hecho de ir a un buen restaurante, pedir buena comida que consiste de varios platos deliciosos y comer hasta saturarse es un disfrute. Lo que no piensan es que en ese momento de la comida se disfruta, pero después uno acarrea con las consecuencias de haber comido demasiado, a veces no es sólo el malestar corporal sino que los órganos tienen que trabajar internamente mucho más para poder digerir toda esa comida.

 Piao Sheng:

"A un paciente que vino a hacerse un tratamiento de acupuntura le recomendé hacer una serie de ejercicios como complemento al tratamiento. Luego de ejecutarlos preguntó si yo la hacía venir para curarla o para hacerla sufrir. Le respondí que eso tenía que decidirlo ella; el sufrimiento es una elección, todo depende de cómo ve uno su propia situación."

Miedo al sufrimiento

Hay gente que en lugar de hacer ejercicios para mejorar la movilidad corporal, dice: "Hoy no voy a practicar porque hace demasiado calor, o demasiado frío…, prefiero quedarme mirando televisión, disfrutando del aire acondicionado o la calefacción y comiendo cosas ricas." ¿Y qué consigue esa gente escapando del "sufrimiento" de la práctica? Sobrepeso, dolores articulares, pérdida de vitalidad, envejecimiento prematuro, costosos tratamientos médicos, etc. ¿entonces realmente valió la pena el disfrute pasajero?

Pensemos en todo lo que hace la Humanidad para evitar el sufrimiento e impulsar la comodidad, buena parte de ese esfuerzo está arruinando el planeta.

El sufrimiento existe, el cual a mucha gente le genera miedo, miedo al sufrimiento, pero cuando llega hay que aceptarlo. Si me toca sufrir ¿qué puedo hacer? Digo: "Acepto este sufrimiento y voy a practicar para fortalecerme y aceptar cualquier cosa que venga. Puedo hacerlo."

En varias situaciones ese miedo al sufrimiento es en realidad el miedo a lo desconocido. Por una parte, al desconocer la situación, estamos obligados a salir de nuestra zona de confort y muchas personas consideran que no tienen los recursos suficientes para enfrentarse a dichas situaciones. Por otra parte, es la influencia del miedo neurótico, es decir, miedos basados en construcciones mentales realizadas por parte nuestra y que en realidad no constituyen amenazas reales y en ocasiones tiene relación con las experiencias vividas en el pasado. Más miedo y sufrimiento genera aún cuando esas situaciones ocurren frecuentemente.

En medio del sufrimiento, a menudo se perciben diferentes tipos de dolores, rige un sentimiento de impotencia y se desconoce cómo deshacerse de ellos. Aquellas personas que tienen ambición encontrarán una salida, aquellos que no son ambiciosos serán poseídos por la pereza, tratarán únicamente de huir, o incluso deciden dedicarse a hacer cosas malas, caerán más y más profundo, abatidos por el sufrimiento, no ven la forma de salir de esa situación. Algunas personas no padecen de un sufrimiento real, simplemente piensan únicamente que es difícil porque no lo han intentado. De esta manera, mientras más se piense, más miedo se tendrá y cuando el miedo se apodera de nosotros perdemos la confianza. A la larga el miedo se transforma en pánico y siempre quedará guardado en su mente.

Ante estas situaciones, lo mejor es informarse bien primero y armar un plan para intentar salir de la zona de confort. Lo mejor es hacerlo gradualmente, empezando por trabajar en las competencias o situaciones en las que consideramos que no tenemos los suficientes recursos con la que enfrentarnos. Si son varias, se pueden buscar situaciones en las que se pueda trabajar cada competencia por separado para luego ir integrando las otras competencias hasta ganar la confianza suficiente. Hay varias formas de aprender, ya sea por cuenta propia, buscando en internet, yendo a un curso, conseguir a alguien que nos enseñe, etc. En el idioma chino mandarín solemos utilizar la siguiente frase: "Quien vive hasta la vejez, aprende hasta la vejez". Estar dispuestos a salir de la zona de confort y por lo tanto probar nuevas situaciones es la única manera de adquirir nuevos conocimientos y habilidades.

Cuando uno vive una vida cómoda y de orgullo, no hay que olvidarse cuánto se luchó hasta obtener los frutos. Si uno se para en la cima llena de vanidad puede caerse con rapidez y quedar en la miseria en cuanto se descuide. Algunas personas han estado viviendo cómodamente desde el nacimiento y no saben lo que es tener una vida rigurosa o enfrentarse a problemas difíciles. Esta es una situación muy peligrosa, ya que llegará el día en el que se enfrentarán con situaciones difíciles y si no saben qué hacer frente a esas situaciones, les costará mucho o directamente no podrán volver a levantarse. La vida implica un continuo aprendizaje y crecimiento para poder enfrentar cualquier dificultad con la que nos crucemos.

Durante la vida cada uno de nosotros tenemos una cantidad innumerable de situaciones que resolver, no vamos a poder pedir siempre ayuda o encontrar a alguien que lo resuelva por nosotros. Cada uno de nosotros tenemos nuestros propios asuntos de los que ocuparnos y solucionar; como por ejemplo, cada uno tiene su propia karma que enfrentar. Podremos buscar personas que nos enseñen cómo enfrentarlo pero nadie podrá enfrentarlo por nosotros cada una de las veces. Por eso es importante aprender a enfrentarlo por nuestra cuenta, de esta manera es mucho más práctico, más rápido por no depender de otros y estaremos orgullosos de nuestro logro, viviremos nuestra vida con confianza y verdadera felicidad.

El sufrimiento es algo relativo; en la vida existe tanto lo dulce como lo amargo. Claro que es más agradable probar lo dulce, pero todos sabemos que demasiado dulce hace mal. Además, conocer lo amargo nos permite valorar lo dulce y agradecer cuando lo recibimos. No es bueno ni mucho ni muy poco; tiene que haber un equilibrio.

Imaginemos a alguien que desde hace años todos los días levanta cargas muy pesadas, por ejemplo de 30 o 40 kilos. Si un día alguien le pidiera llevar una bolsa de 10 kilos lo haría sin ningún esfuerzo. En cambio, si esa bolsa tuviera que llevarla una persona que no está acostumbrada a cargar peso, seguramente diría: "Qué sufrimiento, cargar esta bolsa es casi imposible." En general, quien se queja de sufrir mucho es aquel que no ha sufrido mucho. El que está acostumbrado al sufrimiento no se queja.

En la caña de azúcar, la parte de abajo es la más dulce y la parte de arriba es más salada. Si uno empieza a comer por la más dulce, al llegar a la parte salada, resulta desagradable y la caña es descartada y se desperdicia buena parte del alimento. En cambio, si se comienza por por la parte salada e ir comiendo hacia abajo, lentamente va a ir apareciendo el sabor más dulce.

En la vida es igual.

Hay que saber comer primero lo amargo, para luego poder disfrutar de lo dulce. Si uno desde el comienzo se acostumbra a lo dulce y luego se enfrenta con otra cosa que no sea dulce o menos dulce, tendrá mal sabor.

Ese es el problema de mucha gente joven, que cree que se llega al mundo únicamente para disfrutar. Esa actitud mental no les permite hacerse fuertes mentalmente y espiritualmente para enfrentar los desafíos de la vida, todo les resulta doloroso y ante la primera situación adversa se sienten terriblemente desdichado y se desmoralizan.

En la vida buscamos sentir alegría y tratamos de alejarnos del sufrimiento. Pero si vamos en busca de una alegría que nos aleje del sufrimiento, nos privamos de experimentar la verdadera alegría. No vamos en contra del disfrute; es bueno disfrutar cuando uno hace las cosas bien. Cuando uno trabaja en pos de un objetivo y lo alcanza es muy justo y saludable disfrutar y experimentar esa alegría del trabajo bien hecho. Esa es una alegría duradera.

 Lecciones aprendidas

Nadie escapa de los cuatro grandes sufrimientos: el nacimiento, la enfermedad, la vejez y la muerte. Sumado a eso, a cada persona le tocan otros sufrimientos por destino y karma.

Podemos enfrentar el sufrimiento como un desafío y la mejor forma para lograrlo es primero la aceptación a salir de la zona de confort, trabajar en adquirir los conocimientos y habilidades necesarios para ganarle al sufrimiento y como resultado saldremos fortalecidos. En la vida hay que saber comer primero lo amargo, para luego poder disfrutar de los dulce. La amargura del sufrimiento permite disfrutar luego de la dulzura de la alegría duradera.

Si seguimos correctamente el camino de nuestra misión y cumplimos la tarea de la vida, no tendremos miedo cuando llegue el momento de la partida.

5

ESTADO DE ÁNIMO

El estado de ánimo es una actitud emocional permanente, por lo que no se genera de un instante al otro, pero puede sufrir oscilaciones a lo largo del tiempo. Cuando sucede dentro de unos límites que no generan dificultades a la persona, se denomina eutimia. Cuando es anormalmente bajo se llama depresión. Cuando es anormalmente alto se llama hipomanía o manía. La alternancia de fases de depresión con fases de manía se llama trastorno afectivo bipolar.

Según el psicólogo Robert Thayer, el estado de ánimo es el resultado de la relación entre las variables energía y tensión. Según su teoría, el estado de ánimo diverge entre un estado energético (de más cansado a más activo) y un estado referido al grado de nerviosismo (entre más calmado o más tenso), y se considera que el "mejor" es un estado calmado-energético y el "peor", un estado tenso-cansado.

Nuestro entorno tiene una gran influencia en nuestro estado de ánimo. Las relaciones personales forman parte de un motor de felicidad fundamental en el corazón humano y de ahí que toda persona es especialmente vulnerable ante los conflictos personales. Un disgusto de pareja, una discusión con un amigo o una preocupación familiar afectan nuestro estado de ánimo en un primer momento. De forma positiva, una buena noticia en la amistad o en el amor pueden mejorar nuestro estado de ánimo. Por otro lado, las personas también tienen cambios en su estado de ánimo dependiendo de la compañía que tienen. Las personas positivas contagian su entusiasmo a los demás, en cambio, las personas negativas también influyen a los otros.

El tiempo también puede influir en mayor o menor medida en nuestro estado de ánimo; durante los días largos de sol de primavera existen personas que se muestran más animadas al empezar la jornada que en los fríos y cortos días de invierno. Del mismo modo, la lluvia puede despertar la nostalgia anímica.

En cuanto a la situación laboral, existen factores como el desempleo o hacer un trabajo a disgusto que pueden influir en el estado de ánimo en forma de desmotivación y apatía.

Una buena alimentación, la respiración y el ejercicio físico son medios que tenemos a nuestro alcance para influir positivamente en nuestro estado de ánimo. Lamentablemente, la comodidad que ofrecen varios objetos materiales de la actualidad hace que el hombre entre menos en contacto con la naturaleza y en general menos ejercicio físico.

Un fenómeno global

La historia del hombre en este planeta nos demuestra que nos centramos mucho en las cosas materiales: primero nos interesa la alimentación para llenar la panza; una vez logrado eso, enfocamos la atención a la vestimenta; seguidamente a la vivienda y luego al transporte. Al principio el hombre siempre se trasladó a pie, hasta que luego se desarrollaron los medios de transporte.

Así fue cómo el ser humano se fue desarrollando para satisfacer las necesidades alimenticias, de vestimenta, de vivienda y transporte, hasta el desarrollo industrial y comercial moderno. Hoy en día, no sólo tenemos a disposición los objetos básicos necesarios para la vida, sino que también se amplió el desarrollo hacia los bienes de lujo, como la joyería, las decoraciones, etc. que fue haciendo confundir al ser humano, perdiendo de esta forma el estilo primitivo del ser humano y aspirando a la vanidad y ficción en nuestras vidas.

Muchas líneas de producción de artículos usan robots para hacer el trabajo, y así los robots reemplazan progresivamente a los humanos en los trabajos. Desde el punto de vista de los propietarios de las industrias es ventajoso contar con el aporte de las máquinas, ya que la automatización implica una reducción del tiempo de producción, aumento de la precisión y al mismo tiempo una disminución de las tasas del error humano, lo que deriva en una reducción de costos y un mayor volumen de producción.

En contraposición, la gente se siente realmente impotente por haber sido despojada por máquinas y robots. Como consecuencia se ve el aumento del desempleo y la desmotivación. El ser humano pierde el entusiasmo, las virtudes éticas y morales, así como también el espíritu de trabajar duro y las emociones positivas y de alegría, derivando naturalmente en cambios emocionales produciendo estados de ánimo bajo, falta de paciencia y responsabilidad.

Esa situación provoca una gran presión para el ser humano, el cual se ve desplazado y posee cada vez menos posibilidad de elección de la vocación, debiendo a veces dedicarse a otras áreas completamente diferentes a la de su interés. Esa renuencia a hacer cosas provoca algunos síntomas como depresión nerviosa, tensión muscular y similares, e incluso pérdida de confianza y signos de pánico.

Algunas personas acuden al consumo del alcohol y al cigarrillo para reprimir sus emociones, e incluso usan drogas para anestesiarse. Estos fenómenos se han convertido en un problema común en el que coinciden todos los países del mundo y han creado varios problemas.

Para resolver estos problemas de la actualidad y evitar eventualmente problemas futuros similares, debemos comprender por qué estamos siendo influenciados por la situación del mundo actual y por qué no podemos contenernos. Primero, debemos verificar si nos alejamos de la espiritualidad y debido a esa falta del sustento espiritual, nos dejamos llevar por el viento y las olas, perdiendo nuestro rumbo original. Entonces es momento de buscar un asilo, tranquilizarse para repensar, reencontrarse primero con uno mismo para poder elegir el camino correcto. En ningún momento debemos dejar la ética y la moral de lado. Esto por sí sólo no es suficiente, debemos acercarnos nuevamente al mundo espiritual y promover nuestra práctica espiritual. De esta forma ya no nos sentimos indefensos en la vida y podremos encarar nuestro viaje de la vida con claridad.

Piao Sheng:

"Hace muchos años tuve una paciente joven que sufría depresión. Yo le dije que mi tratamiento iba a ayudarla a tener más vitalidad, pero que si ella no sabía mantener esa energía, pronto iba a caer nuevamente. Le dije que para eso ella tenía que hacer ciertas cosas. Le pregunté si estaba dispuesta a seguir mi consejo, y me respondió que sí. Entonces le indiqué que cuando saliera del consultorio, al andar por la calle, se fijara quién necesitaba ayuda. ¿Tal vez algún anciano que no puede cruzar la calle solo? ¿Tal vez una lata o una botella tirada en el suelo que necesita que alguien la ponga en el tacho de basura? Le dije que todas esas tareas voluntarias debía registrarlas en una libreta, todos los días.

A la semana siguiente volvió con la libreta, donde había anotado un montón de cosas, y su estado de ánimo era óptimo. ¿Por qué al hacer esto su depresión desapareció? Porque puso en marcha su buena voluntad y se olvidó de ella y de sus problemas. Olvidarse de uno ayuda mucho.

Otra paciente vino con los ojos hinchados. Le pregunté por qué y me dijo que había estado llorando mucho porque se sentía sola luego de que sus hijos se fueran a vivir uno a Alemania y el otro a España. Le pregunté si sus hijos estaban pasando dificultades, y me respondió que no, que tenían muy buen pasar. Le pregunté si los visitaba y me dijo que sí, todos los años. "¿Qué más quiere?" le pregunté. Si los hijos están lejos, se pone triste, pero si los hijos estuvieran viviendo a su lado, seguramente tendría peleas y discusiones, que son muy habituales en la convivencia de padres e hijos. Esta conversación que tuvimos le ayudó a superar su tristeza y luego de unas semanas me contó cómo había mejorado su situación al comprender la naturaleza de su malestar."

Relaciones que terminan

No todas las relaciones duran toda la vida. Algunas cumplen un ciclo en nuestra vida y, cuando este termina, sólo queda sacar un buen aprendizaje y seguir adelante, más sabios y fortalecidos. Cada relación buena o mala es una experiencia que debe ayudarnos a ser mejores seres humanos.

La vida es impredecible y cambiante en todos sus aspectos. El vínculo con las demás personas también está sujeto a este cambio constante. Las relaciones que un día parecen sólidas, al poco tiempo se disuelven y más de una vez nos hemos sorprendido al enterarnos de la rotura de una pareja que parecía llevar una relación indisoluble. Existen numerosos factores que pueden causar la disolución, como la ausencia de comunicación, la falta de confianza, negación al compromiso, la presencia de una tercera persona, una relación tóxica, entre otros. A veces las relaciones llegan a su fin gradualmente, otras veces abruptamente.

¿Podemos hacer algo al respecto? Así como cuando uno viaja a otro país saca su pasaporte que tiene cierto tiempo de vigencia y al cumplirse ese tiempo uno puede renovar el pasaporte, la afinidad que tenemos con ciertas personas también se puede renovar. Antes de romper una relación, conviene tratar de renovar el vínculo. Si hay una buena afinidad es mejor luchar para renovar y salvar la relación. ¿Cómo renovar una relación con otra persona? La voluntad de mantener el vínculo es importante. Si esta relación es buena para ambos, conviene que hagamos el esfuerzo de mantenerla.

 Piao Sheng:

"Veo pacientes con depresión o con miedo y eso afecta su relación con los demás. Mucha gente se siente cansada de su matrimonio y piensa en separarse. Pero es mejor luchar y tratar de renovar el vínculo. El matrimonio es una gran oportunidad para limpiar nuestro karma negativo. La separación no hace desaparecer el karma; a veces lo hace crecer.

¿El matrimonio es karmático? Recordemos que hay un karma positivo y otro negativo. En el matrimonio se puede generar karma negativo o positivo, dependiendo de las acciones de cada uno. Si los miembros del matrimonio se aman y ayudan mutuamente en las buenas y en las malas, estarán generando karma positivo. Si son egoístas y se la pasan peleando entre sí, generan karma negativo, que en algún momento habrá que pagar. Si uno no actúa para pagar el karma negativo, la deuda va creciendo.

Muchas veces la pereza se apodera de nosotros y nos tira hacia abajo. Yo les conté que cuando era chico empecé a practicar karate con mucho entusiasmo. A los tres meses sentí que ya no tenía ganas de ir. Estuve así durante un mes, pero no cedí e insistí con la práctica y así recuperé el entusiasmo inicial y progresé mucho. La vida nos somete a pruebas como esta muchas veces y no hay que darse por vencido."

En otros casos, la afinidad entre dos personas simplemente llegó a su fin y no hay mucho por hacer. Si uno intenta aferrarse con todas sus fuerzas a un vínculo que ya no tiene sentido, eso genera más sufrimiento todavía. En el Universo todo es un continuo cambio y circulación. Algunas cosas duran mucho tiempo, otras duran poco tiempo, pero no hay nada que dure para siempre. Si no comprendemos esto caeremos fácilmente en la depresión y la tristeza. En cambio, podemos analizar la situación para entender por qué no funcionó. Si uno no detecta el origen de los problemas, las relaciones terminarían de una forma parecida, no importa con quién sea.

Además, el fin de una relación puede abrir las puertas para la llegada de otra mejor. "¿Y cuánto tiempo tendré que esperar?", se preguntará más de uno. No lo sabemos, pero mientras tanto es importante que uno se prepare adecuadamente. Sanar la mente y sanar el cuerpo es muy importante. La gente con mente y cuerpo sanos resulta más atractiva a los demás. Si uno está triste y amargado todo el tiempo, ¿quién se animará a acercarse?

Una buena manera sería ensayar todos los días frente al espejo varias caras y elegir la más linda para luego mostrarla a los demás. Si uno actúa de manera sana y positiva, los demás naturalmente sentirán curiosidad e interés y se acercarán. Si en cambio, uno no cuida su aspecto y su conducta ¿quién querrá acercarse? Por eso, para lograr cambios, primero hay que empezar por uno mismo. De nada sirve pedirle al mundo que nos dé lo que queremos. Si uno actúa bien, naturalmente empezarán a llegar las cosas buenas, como el reflejo de un espejo. Por eso, lo primero es empezar por uno; sanar la propia mente y el propio cuerpo, entonces los cambios vendrán solos.

 Piao Sheng:

"Una pregunta que me hacen frecuentemente es ¿cómo se da cuenta uno de que ya terminó de pagar el karma? En mi consultorio tengo la foto de un monje budista. Ese señor, durante su juventud fue un vago y malgastaba el dinero de la familia. A los 25 años su padre se enfermó, falleció y él se hizo monje. ¿Por qué pasó esto? Era el karma del padre del cual participaba el hijo. Al morir el padre, el joven se liberó de esa carga y pudo seguir su camino como monje. El padre tenía una deuda kármica con el hijo. El hijo lo hacía sufrir y malgastaba su dinero. Cuando se enfermó y falleció se terminó la afinidad negativa que tenía con su hijo, que quedó en libertad para seguir su camino como monje. "

Limitaciones físicas

Durante la vida podemos encontrarnos con ciertas limitaciones físicas, no sólo a medida que entramos en edad avanzada, sino por producto de una enfermedad, accidente, operación, etc., en estos momentos es muy fácil caer en estados depresivos. Precisamente en ese momento no vamos a poder acudir al ejercicio físico para mejorar nuestro estado de ánimo, pero si utilizamos ese tiempo para realizar otras tareas con sentido, es menos probable caer en la depresión. Podemos pensar en un proyecto que podamos llevar a cabo a pesar de las limitaciones, algunas idea pueden ser adquirir nuevos conocimientos, investigar o profundizar en algún tema para incrementar la capacidad mental, ejercitar o desarrollar los otros sentidos o las otras partes del cuerpo que no están afectadas por dicha limitación, etc.

Acudir a pasatiempos suele ser una manera popular, pero no necesariamente la mejor. Estos tienen única-mente el fin de desviar nuestra atención de manera momentánea, pasado ese tiempo, nuestra atención se puede volver a enfocar en el problema actual. En cambio, teniendo algún proyecto concreto, nos mantiene enfocados en el proyecto por un tiempo más prolongado y al fin y al cabo es algo más que aprendemos durante este tiempo, una experiencia que ganamos en la vida y el cerebro registra ese tiempo como de uso útil, para la realización de tareas con sentido y no como tiempo perdido o desperdiciado debido a la limitación.

 Piao Sheng:

"Miguel, un alumno del grupo de Tai Chi Chuan fue operado de las piernas, y durante un largo período de recuperación no pudo practicar. Para no abandonar la práctica, se le ocurrió escribir el mantra que recitamos durante las clases en caligrafía china y cuando se unió nuevamente a la práctica grupal, nos regaló una copia a cada uno.

Por un lado, es un desafío para una persona occidental escribir en el idioma chino, ese desafío lo mantenía concentrado en esa tarea y de esta manera desviaba la atención, por lo que no pensaba en las limitaciones y dolores producto de la operación.

Por otra parte, el mantra que recitamos en un mantra que invoca la energía de la luz infinita y ayuda a tranquilizar la mente. De esta manera, este alumno pudo superar el tiempo de recuperación de la mejor manera."

En otras ocasiones, las limitaciones físicas no son temporales sino de larga duración, provocando incapacidad. Algunas personas con ciertas incapacidades la compensan desarrollando mejor otra capacidad. Por ejemplo, el que es ciego desarrolla más el oído, el tacto y el olfato. En Taiwán hay un señor que perdió ambas piernas y ambos brazos y aprendió a pintar manejando el pincel con su boca. En nuestra familia tenemos un retrato de la Maestra Cheng Yen y su maestro hecho por este artista, es tan realista que parece una fotografía.

Enfermedades

Imaginemos la situación de una persona que recibe de su médico la noticia que tiene cáncer. Esa persona se angustia y no puede dejar de pensar en la mala noticia que le acaban de dar. Toda su mente está ocupada en eso y las defensas del organismo empiezan a caer y su salud empeora rápidamente. ¿Has escuchado alguna vez de algún caso así? Claro que sí. Mucha gente empeora luego de enterarse de que tienen una enfermedad grave. La preocupación por un futuro difícil impide que la persona haga cosas en el momento presente.

¿Qué conviene hacer cuando uno se entera de que tiene una enfermedad grave, como por ejemplo cáncer? Conviene hacer cosas para mantenerse ocupado. También es bueno hacer trabajo voluntario y ayudar al prójimo.

Hay una historia real al respecto ocurrido en Taiwán

hace algunos años. Había una joven de 26 años a la que le detectaron cáncer de mama. El médico le dijo que la enfermedad estaba muy avanzada y que no valía la pena hacer tratamientos. Le dieron tres meses de vida. Enterado de la situación, el padre le compró un libro sobre el cultivo de orquídeas y todos los elementos necesarios para empezar a cultivar: macetas, semillas, tierra y herramientas. Le dijo a su hija que ya que no se puede hacer ningún tratamiento, lo mejor es que no piense en la enfermedad y se concentre en el cultivo de las orquídeas. Así lo hizo la joven; lo que al principio era un pasatiempos se convirtió en una actividad rentable ya que pudo comercializar las orquídeas. Habiendo pasado siete años, la mujer decidió hacerse un estudio para ver qué había pasado con su enfermedad y descubrió que el tumor había desaparecido por completo.

Esa transformación fue posible por dos motivos. Por un lado, la mente de la joven dejó de enfocarse en la enfermedad y empezó a ocuparse de asuntos vitales y creativos; empezó a generar amor, en este caso hacia las orquídeas que cuidaba. Por otro lado, el contacto con las plantas es muy bueno para la salud. La Ciencia nos enseña que las plantas toman dióxido de carbono —un gas que es tóxico para nosotros— y lo transforman en oxígeno. De la misma manera, las plantas toman la energía negativas del individuo y la convierte en energía positiva, también son capaces de absorber la enfermedad de una persona. Por eso hay que estar cerca de la Naturaleza, no sólo para aprender de ella, sino también para recuperar la salud.

La partida

Como mencionamos anteriormente, en el universo todo es un cambio continuo y por lo tanto, nada permanece igual para siempre. Buda también dijo: "En todo el mundo del hombre, y en todo el mundo de los dioses, ésta es la ley: todas las cosas son impermanentes."

Lamentablemente, nos toca vivir la situación de la partida de un ser querido o mascota. A pesar de la muerte, la persona aún puede escuchar todo lo que pasa a su alrededor, por eso en este momento aún se le puede comunicar lo que haya quedado pendiente decir, pero no conviene tocar su cuerpo durante las primeras ocho o doce horas. Si se trata de alguien que tuvo mucha práctica espiritual, es probable que su alma haya salido completamente del cuerpo en poco tiempo. Pero en la mayoría de los casos este proceso lleva varias horas. En esta transición, al principio el alma está confundida y no entiende bien qué es lo que pasa y qué debe hacer. En esas circunstancias, la manipulación del cuerpo genera más confusión, dolor y sufrimiento, por eso es mejor dejar pasar unas ocho horas hasta que el alma haya salido completamente del cuerpo.

Una vez que el alma se haya separado totalmente del cuerpo, cualquier dolor físico que se haya experimentado en el momento de la muerte, desaparece, y por lo tanto también desaparece el sufrimiento provocado por ese dolor.

Hace tiempo, un amigo de un amigo de la familia debió ser intervenido quirúrgicamente y durante la operación tuvo un paro cardíaco. Los médicos lo reanimaron y se recuperó completamente. Más tarde, contó que durante la operación, estando bajo anestesia, pudo verse a sí mismo desde arriba, como si él se hubiera salido de su cuerpo. Veía su cuerpo en el quirófano y a los médicos luchando por reanimarlo. Además, decía que la sensación era tan placentera que no tenía muchas ganas de volver a su cuerpo.

Este relato tiene varias lecturas. Una es que no hay que temerle a la muerte. Por otra parte, lo que le ocurrió a este señor si bien no fue una experiencia de muerte real, es semejante a ella. El alma, a pesar de haberse elevado permitiéndole verse a sí mismo desde arriba, aún estaba cerca del cuerpo, algo parecido ocurre durante la meditación, en donde el alma puede separarse del cuerpo y luego volver en cuestión de un pestañeo. Lo que ocurre durante la muerte real es algo diferente.

La psiquiatra Elisabeth Kübler-Ross fue una las mayores expertas en temas relacionadas con la muerte. En su libro *La muerte: un amanecer* sostiene que la muerte es un pasaje hacia otra forma de vida.

El proceso detallado en su libro tiene varias similitudes a lo descrito en los textos taoístas y budistas. Durante este proceso el alma se libera del cuerpo, pasa a otra dimensión, que es independiente del tiempo. En este estado, se posee la capacidad para reencontrarse con aquellas personas a los que más ama, independientemente de si se encuentran en este mundo o en el más allá. Los seres que aún viven en este mundo, al no encontrarse en la misma dimensión, no podrán percibirlos.

Antes de dejar el cuerpo de forma definitiva, el alma pasa por una fase de transición, comparable con el pasaje por un túnel y al final del túnel se ve una especie de luz, que indica la hora de la verdad. Se hace entonces una retrospección de la propia vida, uno conoce exactamente los propios pensamientos, palabras y acciones en cada momento y se realiza una interpretación de las consecuencias de ellas. Muchos se lamentan en este momento el haber desaprovechado varias ocasiones en la vida para aprender y enriquecerse, por eso la consciencia sufre. Como mencionamos anteriormente, los sucesos ocurridos en nuestras vidas, a pesar de que provocan sufrimiento, son oportunidades que tenemos para aprender las lecciones de la vida. Estamos en la Tierra para aprender.

Por eso es importante que durante la vida hagamos el bien, actuemos con misericordia, establezcamos buenos vínculos con los demás y tratemos de pagar todas las deudas antes de dejar este mundo, de esta manera podemos irnos en paz y encarar tranquilos la hora de la verdad.

 Piao Sheng:

"El esposo de una paciente está sufriendo una enfermedad grave y de mal pronóstico. A él le descubrieron la enfermedad hace 13 años. Le hicieron todos los tratamientos posibles, con grandes esfuerzos por parte de todos. Ahora sólo queda acompañarlo y ayudarlo a nivel espiritual. La vida es impredecible y cambiante, no sabemos cuánto tiempo vamos a estar en este mundo. Algunos se van luego de una enfermedad prolongada; otros se van de repente, sin ninguna señal previa. Somos pasajeros en la Tierra; algunos tienen una estadía prolongada, otros tienen una breve, pero a todos nos toca irnos en algún momento. Lo que nos sucede en la vida está marcado por nuestro karma, nuestra misión en el mundo y cómo construimos nuestro futuro. Vivimos, formamos una familia en función de ese karma. Cuando terminamos de pagar el karma o cumplimos con nuestra misión, nos toca irnos.

Cuando a uno le toca de cerca esta situación, es normal sentirse conmovido, pero no es bueno caer en la tristeza. Si ya se hizo todo lo posible por curar la enfermedad, no hubo resultados y al ser querido le llegó el momento de partir, lo mejor es dejarlo ir. La tristeza retiene al otro y no lo ayuda a seguir su camino."

Miedo o pánico

Variadas situaciones en la vida nos puede provocar miedo o incluso pánico. A veces es por situaciones vividas en las vidas anteriores que quedan guardadas en nuestro octavo sentido pero no encontramos explicación en esta vida. En su libro Muchas vidas, muchos maestros, Brian Weiss relata la experiencia del tratamiento con una paciente Catherine, que sufría de pánico y cómo pudo curarse al encontrar en sus vidas pasadas el origen de muchos de los traumas que sufría en esta vida. En estos casos se requiere de un tratamiento adecuado con especialistas para poder sobreponerse.

Otras veces ese pánico es temporal, originada por una situación en la que se vive actualmente. Tal como la situación pandémica que vivimos recientemente, la historia de la humanidad ha pasado por varias olas de epidemias. Mucha gente al enterarse de la situación sólo entra en pánico, lo cual empeora la situación ya que el cuerpo entra en estrés y eso debilita excesivamente el sistema inmunológico. Lo más importante es informarse para saber cómo protegerse de la situación y tomar las medidas necesarias para defenderse, por ejemplo, cuidar el higiene en especial de las manos, un lugar crítico del cuerpo porque a través de ellas podemos entrar en contacto directa o indirectamente con alguna persona infectada. Es fundamental mantenerse informado diariamente, seguir los consejos de los expertos y cooperar con las medidas tomadas por el gobierno para el bienestar general.

Durante esta pandemia viral Covid-19 debemos tratar de evitar los lugares de alta concentración humana y restringir la vida social en lo posible. Seguramente mucha gente se preguntará cómo podrá sobrevivir esta etapa sin la interacción social, pero podemos ver este período como la oportunidad, por una parte, para concentrarse en uno mismo, de trabajar en lo espiritual, hacer introspección, realizar lecturas que nos ayuden a mejorar como persona. Conocerse a uno mismo, evaluar la situación actual en la que estamos, repensar el objetivo de vida y reajustar el plan en caso de ser necesario. Por otra parte, también tenemos más tiempo para nuestras familias, para realizar algunas actividades en conjunto y renovar la afinidad.

Justamente es en esta situación cuando se entiende mejor el concepto de "pensar en el peligro aunque se viva en paz". Seguramente muchos pensarán en un plan alternativo para sus ingresos en caso de que vuelva a ocurrir una situación similar.

Mantener la mente tranquila nos ayuda a sintonizar la misma vibración que la Naturaleza y conectarnos con el poder del Universo, de esta manera estaremos saludables y fuertes, lo que mejora nuestra inmunidad contra los virus.

En el capítulo *Mejorar nuestra calidad de vida* presentamos un mantra que al recitar con devoción y concentración ayuda a aquietar y calmar la mente.

 Ejercicio 5
Analizar nuestro estado de ánimo

Ponte frente a un espejo y pon las siguientes caras:

1. De alegría.
2. De tristeza.
3. De miedo o pánico.
4. De enojo.
5. De sufrimiento.
6. De preocupación.

Si no has logrado poner la cara relacionada con la emoción o sensación, prueba pensando en una situación del pasado relacionada a ella. ¿Cuál fue tu reacción al ver cada una de las caras?

La cara que vemos en el espejo es la que ve nuestro prójimo de acuerdo a nuestro estado de ánimo del momento y es probablemente la cara que nos devolverá nuestro prójimo y la que percibiremos. Seguramente queremos mostrar siempre lo mejor de nosotros, pero a veces simplemente no nos damos cuenta de la cara que le presentamos al prójimo y cómo estamos influenciando nuestro entorno, por eso es importante intentar mejorar nuestro estado de ánimo en todo momento. Además, seguramente has notado que al poner cara de alegría tu cuerpo automáticamente toma una posición erguida y te sientes con más energía.

 Lecciones aprendidas

Podemos influir positivamente en nuestro estado de ánimo a través de una buena alimentación, respirando correctamente, realizando diariamente ejercicio físico y mantener un buen contacto con la Naturaleza. Ante una limitación física o enfermedad se puede buscar un proyecto adecuado para desviar la atención y al mismo tiempo realizar tareas con sentido, de esta forma se evita caer en la depresión.

Si hacemos el bien, actuamos con misericordia y establecemos buenos vínculos con los demás y tratamos de pagar todas las deudas antes de dejar este mundo, podremos irnos en paz y encarar tranquilos la hora de la verdad.

6

ÉXITO

Forbes es una revista especializada en el mundo de negocios y finanzas con sede en los Estados Unidos. Anualmente emite un listado de las personas más ricas del mundo así como también otros listados por país. Además, otras revistas como Manager Magazin y Challenges publican el listado de las personas más adineradas en Alemania y Francia, respectivamente. También existen rankings de los ejecutivos más poderosos del mundo, los deportistas mejor pagos, los músicos más exitosos del mundo, etc. Casi por cada rama de negocio se podría emitir un listado de los más exitosos y más de uno habrá sentido envidia y quisiera estar en el lugar de ellos.

Cuando llegamos a este mundo en donde se le da una extrema importancia a la apariencia y a las cosas materiales, pareciera que nos olvidamos del pasado, de lo vivido en las vidas pasadas y aceptamos con naturalidad todo lo que se ofrece en este mundo. El hecho de estar cotidianamente en contacto con todo tipo de objetos, damos por sentado que las cosas materiales son infaltables. La sociedad actual le da una extrema importancia a la apariencia y a las cosas materiales, quien gana mucha plata y puede disfrutar de lujosos objetos materiales, es una persona envidiable.

Alguna vez se preguntaron por qué existe un listado de los más adinerados y poderosos, pero no existe un listado de los más satisfechos? Es dinero es medible, mientras que la satisfacción es subjetiva. Hay personas que buscan la satisfacción a través del dinero y poder, que una vez conseguido, se dan cuenta que éstos tampoco les provocan la satisfacción que se imaginaban. En cambio, hay otras personas que no son adinerados pero están satisfechos con sus vidas.

Algunos grandes deportistas o empresarios que han logrado todo lo que podían haber logrado ya no encuentran la forma para conseguir motivación a seguir en ese ámbito, a pesar de la fama y la riqueza lograda. Luego de tanta entrega física, mental y emocional y haber alcanzado algo anhelado largamente, sienten un vacío y deben buscar la manera de llenarlo, muchos encuentran en este momento otro significado a la vida mientras que otros caen en la depresión. Ellos son testigos de que las cosas materiales no necesariamente nos hacen felices. Además, ser rico es un estado que muchas veces puede cambiar con un abrir y cerrar de ojos si no se administra bien la riqueza, hay muchos millonarios que luego de un tiempo dejaron de serlo e incluso luego vivieron en pobreza.

La mala gestión de la riqueza puede surgir de inversiones incorrectas, de los gastos excesivos, originados por el despilfarro en extravagantes lujos y la codicia al lujo, en el sentido de que cada vez necesitan de más y más lujo para satisfacer sus necesidades. En cambio, si no logran mantener un nivel de ingreso proporcional, llegará lógicamente el día de la quiebra.

Las personas con riqueza suelen despertar el interés de las personas que envidian la fortuna, que se acercan a ellos condicionalmente y buscan cada oportunidad para demandarlos y luego solicitar una elevada suma como recompensa.

Entre las celebridades que pasaron de la riqueza a la pobreza podemos mencionar a Mike Tyson, Nicolas Cage, Johnny Depp y Michael Jackson, entre otros. Walt Disney estuvo muy cerca de la bancarrota, pero fue gracias a la llegada de Mickey Mouse que pudo salvar su situación financiera. Es destacable su ejemplo porque ocurre frecuentemente que el hecho de estar muy cerca de una situación de peligro, hace que desarrollemos al máximo nuestro potencial para salvarnos de la situación y muchas veces es en ese momento que conocemos la verdadera capacidad que poseemos.

Muchas veces, para ser exitosos especialmente en el área de la producción o en el de ventas, es necesario llevar a cabo algunos trucos para tener más rentabilidad. Algunos intentan ganar clientes de manera inmoral, otros intentan reducir los costos de producción disminuyendo de esta manera la cantidad necesaria de material, falsificando la información al consumidor y reduciendo la calidad. Estas medidas tomadas tienen un impacto negativo en nuestra moral, no sólo arruinando el renombre, sino que con el pasar del tiempo resuenan como un eco de energía negativa en nuestra conciencia, provocando inestabilidad emocional y mental. Lamentablemente, esta situación en variadas ocasiones forma parte del proceso de lucha por tener mejores condiciones de vida, para tener un mejor disfrute material, que es el objetivo ideal que la mayoría de las personas desean perseguir.

Con esto no queremos decir que no sea bueno insertarnos en el mundo de los negocios, sino que deberíamos llevar a cabo cada paso de acuerdo a la moral, hacer las cosas de buena fe y pensar de manera completa. Tener dinero no es ni bueno ni malo; lo malo es lo que alguna gente hace con el dinero. Trabajar duro de buena fe para ganar dinero no es ser codicioso, somos seres humanos con necesidades básicas que satisfacer, y para eso necesitamos dinero.

Si uno gana mucho dinero y lo destina al desarrollo del bienestar social, como por ejemplo ayudando a la gente necesitada y para aliviar el sufrimiento ajeno, ese es dinero bien usado. En cambio, hay otras personas que lo utilizan completamente únicamente para el bienestar o el disfrute propio, derrochando los objetos materiales, tratando de satisfacer la codicia extrema.

Disfrute material

Es importante poder disfrutar de los logros alcanzados, pero es mejor cuando se disfruta con la mente y con el espíritu. A todos nos gusta disfrutar de las cosas materiales, pero hay que saber que el placer que nos dan esas cosas es efímero y engañoso, y que al desvanecerse, dejan una fea sensación de vacío. Si creemos que el verdadero disfrute es el de las cosas materiales, vamos a ser muy infelices y vamos a estar siempre tratando de llenar ese vacío. En cambio, el disfrute de la mente y el espíritu llena más y es más satisfactorio y duradero.

Piao Sheng:
"La mayoría de la gente piensa que disfrutar es llenarse de cosas externas que brindan una satisfacción pasajera. Hace muchos años tuve un restaurante buffet y conocí a una chica que venía a comer y después iba al baño para inducir el vómito. Su objetivo era que el paladar pudiera disfrutar de la comida deliciosa, por lo que comía e inmediatamente vomitaba, así lo hacía reiteradamente. De esta manera no sólo se desperdicia la comida, sino que también es un maltrato al propio cuerpo. Esta es una forma de codicia, la codicia a la comida.

Algunas personas comen de más teniendo en cuenta únicamente el placer que se siente en la boca, pero no tiene en cuenta el sufrimiento que el exceso de comida provoca a los demás órganos del cuerpo. El verdadero disfrute no viene de las cosas materiales."

En Japón, después del tsunami y otros desastres naturales, mucha gente tomó conciencia de lo vano que es el acumular bienes materiales, y viven con lo mínimo indispensable. Tienen poca ropa en el armario y comen cosas simples. De esta manera, sienten que son libres de todas las ataduras que impone la codicia. Aquietar la mente, controlar la codicia y concentrarse en la práctica es la mejor manera de vivir la vida.

También hay otra realidad y es que el ser humano se va del mundo de la misma manera en que llegó al mundo: con las manos vacías, sin cosas materiales, sin títulos, sólo con el cuerpo y el alma. Toda la riqueza material y el poder que acumulamos durante la vida no la podemos llevar con nosotros al más allá. El disfrute de las cosas materiales es sólo por un tiempo determinado. Lo que sí nos llevamos son los valores internos que adquirimos o trabajamos durante la vida, así como también las capacidades que adquirimos en esta vida, como se mencionó anteriormente.

 Piao Sheng:

"Una de mis hijas jugaba en su infancia con un único juguete. Algunas personas me pregunta-ron cómo se las arreglaba mi hija para jugar con un solo juguete toda su vida infantil. Pues usábamos el juguete como si fuera un títere. Lo hacíamos moverse y hablar. El juguete servía para jugar, pero también tenía su presencia en otros momentos. Cuando mi hija tenía que estudiar o hacer la tarea, el juguete estaba al lado de ella, haciéndole compañía. El juguete no sólo era un compañero, también era un alumno al que se le enseñaban cosas y un hijo al que se alimentaba o arrullaba antes de dormir. De esta manera el chico establece una relación afectiva con el juguete, que no es posible cuando hay muchos juguetes y el niño se aburre pronto de ellos y pide otros nuevos.

En el partido de Pilar de la provincia de Buenos Aires hay un hogar de niños en el que hacemos trabajo voluntario desde hace 22 años. Un día un voluntario llevó juguetes para los chicos. Cada uno recibió un juguete distinto. Algunos rechazaban el que les había tocado y pedían el que había recibido otro chico. Me acerqué a uno de esos chicos y le empecé a hablar del autito que había recibido. Le pedí que observe detalladamente el autito y que se fije en aquellas características que lo diferencian de los otros juguetes. Le expliqué cómo funcionaba, para qué servía y de qué manera podía usarlo él. De esta forma, se estimula la imaginación del chico, aprende cosas nuevas y no se aburre.

Con el paso del tiempo, el niño desarrolla sentimientos muy fuertes hacia el juguete. Eso es lo importante. Cuando ese niño sea adulto, sabrá que las cosas no se tiran cuando dejan de funcionar; tratará de repararlas. También aprenderá a elegir con buen criterio. El que no está acostumbrado a aburrirse de las cosas y tirarlas a la basura, piensa bien antes de elegir. También aprenderá a cuidar las cosas para prolongar su vida útil."

Éxito interno

Hay un tipo de éxito al que vale más la pena aspirar: el éxito interno. El hecho de diferenciar estos dos tipos de éxito se debe a que a la sociedad actual le gusta comparar y clasificar; como consecuencia, también se distingue el éxito interno del éxito externo.

El éxito externo se mide tradicionalmente de acuerdo a la acumulación de los objetos materiales, como por ejemplo los estudios, títulos, trofeos y el poder. En contraposición, el éxito interno se puede definir como el logro alcanzado trabajando en torno a los valores que poseen conexión con el propio mundo interior: los valores religiosos/espirituales, morales, físicos, intelectuales y personales y ajustando los valores materiales que poseen conexión con el mundo exterior. Superarse, pulir el carácter, vencer los temores, fomentar el crecimiento intelectual y espiritual, lograr hábitos buenos para cuidar la salud propia, la salud del entorno y del mundo en el que vivimos son algunos ejemplos del éxito interno.

En la vida es más importante acumular sabiduría que dinero o bienes materiales, esta es la verdadera fortuna y, a diferencia del dinero o la riqueza material, nadie nos la puede robar y se puede transmitir de una vida a la siguiente. Es importante notar que hay una diferencia entre la inteligencia y la sabiduría. La inteligencia surge de la práctica, de la acumulación de conocimientos y de la experiencia. Si a la inteligencia se le agregan los tres atributos -disciplina, paciencia y concentración- para entender la esencia de las cosas, se puede transformar la inteligencia en sabiduría.

Una manera de avanzar en el éxito interno en este mundo material es ajustando los valores materiales. Estos designan qué aspectos materiales en nuestra vida tienen valor sobre otros. Hay personas que viven con muy poco de manera voluntaria, mientras que otras, a pesar de ser de clase media, sienten una gran frustración por no poder permitirse una gran cantidad de lujos.

Una persona que quiere mejorar en los valores materiales no es codiciosa, no desperdicia los materiales y trata de darles siempre el máximo uso, los reutiliza o los recicla en cuanto haya oportunidad; los embalajes suelen ser propicios para la reutilización, en especial los envases no retornables. Por ejemplo, en la Argentina los envases de las bebidas no son retornables y se los puede utilizar adecuadamente como maceta, de regadera, para transportar cosas frágiles en su interior y varios otros usos si dejáramos volar nuestra imaginación.

Una persona que no es codiciosa aspira a tener casi únicamente las cosas básicas que necesita para sobrevivir, alejándose de los lujos materiales. En el aspecto alimenticio provee al cuerpo sólo con los nutrientes que necesita, es también una ayuda hacia el propio cuerpo, que muchas veces sufre debido a los excesos alimenticios o delicias para el paladar que nos permitimos y que no son beneficiosos para los órganos.

El éxito interno no consiste en compararse con otras personas, sino básicamente con uno mismo, trabajando en los valores sobre los cuales podemos influir. El hecho de poder superarse en el transcurso de la vida, trabajar en las debilidades y mejorarlas, pulir el carácter, son parte de las lecciones de vida que debemos aprender y además contribuyen al éxito interno. Eso no sólo nos ayuda como individuo, sino también en las relaciones con otras personas y consecuentemente con la sociedad.

Una buena manera de trabajar en la mejora de los valores personales consiste en hacer una introspección por la noche, pensando en las situaciones vividas durante ese día. En caso de que hubiera discusiones o peleas, cuál fue su origen y si hubiéremos podido hacer algo de nuestra parte para evitarlo. A veces una respuesta o reacción apresurada de parte nuestra puede provocar una contrareacción negativa en el prójimo. El objetivo de la introspección es concentrarnos en las cosas sobre las cuales tenemos influencia, es decir, en nuestros actos, pensamientos y palabras. Si detectamos una contribución decisiva por parte nuestra en la disputa, podemos pedir perdón internamente al prójimo.

A veces una broma o un chiste pueden provocar mucho sufrimiento al prójimo. Si una persona está deprimida, será más sensible a las bromas y puede hundirse aún más en la depresión. De ahí que si uno va a hacer un chiste, antes tiene que ver cómo está el ánimo de los demás para no herir a nadie. Por eso es tan importante cuidar nuestras palabras, lo que decimos puede hacer sentir peor a alguien que ya estaba mal o, por el contrario, puede dar consuelo y esperanzas. Nuestras palabras pueden ayudar a que el otro cambie su modo de ver las cosas.

Quienes valoran el éxito espiritual aprovechan los días de descanso para ir a la iglesia, ayudar a las personas necesitadas, meditar, etc., en fin, limpiar la mente, trabajar en los valores espirituales, buscar la paz y armonía interior, alejándose del chisme. Le dan más importancia a la devoción, a la riqueza espiritual en contraposición a la riqueza material.

Los valores morales se refiere a una serie de atributos como el amor al prójimo, el agradecimiento, el respeto, la bondad, generosidad, honestidad, humildad, paz, responsabilidad, tolerancia, solidaridad, etc. Una persona que quiere trabajar en los valores morales puede comenzar destinando parte del dinero ahorrado para la ayuda social, ofreciendo apoyo a las personas con discapacidades, a la gente pobre y sin posibilidad de salir por sí solos de la línea de la pobreza, o incluso invirtiendo en la educación.

A diferencia del éxito "tradicional", que es medible, el éxito interno es ilimitado, siempre hay aspectos que se pueden mejorar, que también se corresponden con las lecciones de vida que debemos aprender, teniendo como objetivo final el de ser una persona sabia con mentalidad alegre y positiva, dejando el egoísmo de lado, permanecer relajada y en paz interior la mayor parte del tiempo y no dejarse llevar por las influencias externas. El éxito interno es por lo tanto un aspecto en la que se trabaja durante toda la vida, y por qué no también durante las siguientes, mejorando y acercándose cada vez más hacia el objetivo final.

A medida que logramos mayor éxito interno, el resultado se verá reflejado también en nuestro exterior, en el carisma, en nuestros actos y en la relación con el prójimo. En vez de buscar el éxito externo para llenar la satisfacción propia, trabajamos en el éxito interno para nuestro bienestar y felicidad y ésta se verá reflejada en nuestra imagen externa.

Ejercicio 6

Introspección diaria

Emociones positivas del día

A. ¿Qué situaciones me han traído alegría, sentimiento de éxito, consuelo, tranquilidad u otra emoción positiva en el día de hoy?

_____

_____

_____

_____

*** *Si no has detectado ninguna emoción positiva puedes probar brindando ayuda a las personas que te rodean diariamente. La acumulación de pequeñas situaciones de alegría brindan satisfacción al final del día.*

Emociones negativas del día

B. ¿He tenido algún conflicto o descontento en el día de hoy? ¿Con quién/es? ¿Cómo se originó? Si he contribuido en el conflicto, ¿de qué manera lo pude haber evitado? ¿Cómo podría revertir la situación?

Nombre	Relación	Comentarios

C. ¿Qué puedo hacer de mi parte en el futuro para evitar este tipo de conflictos? Piensa en algún pensamiento, palabra o acción que puedas realizar o dejar de hacer para tratar de evitar el conflicto.

_____

_____

_____

_____

_____

 ## Lecciones aprendidas

En vez de perseguir el éxito sólo para lograr un mayor disfrute de las cosas materiales y vivir en lujo para tener una satisfacción temporal, buscamos el éxito interno acumulando inteligencia a través del aprendizaje realizado con disciplina, paciencia y concentración, ajustando los valores materiales, con el objetivo de dejar de lado la codicia y el desperdicio.

Por otra parte. establecemos nuestros valores personales influenciados por la religión, la moral y la ética, trabajamos en la espiritualidad con el fin de ser cada día mejor, puliendo nuestro carácter y mejorando las relaciones interpersonales. La meditación y la introspección son algunos de los medios adecuados para lograrlo.

El éxito interno es un aspecto para trabajar durante toda esta vida y durante las siguientes.

7

NUESTROS PENSAMIENTOS

Una señora tenía dos hijas: una estaba casada con un fabricante de paraguas, y la otra con un fabricante de fideos. Cuando llovía, la madre sufría porque los fideos de una hija no se iban a poder secar. Cuando había sol, sufría porque la otra hija no vendía paraguas.

En el cuento, que data unos cien años, la señora siempre está sufriendo. Cuando hay sol, porque no llueve y cuando llueve, porque no hay sol. Su mente funciona de una manera que sólo genera sufrimiento y preocupaciones. ¿Cómo tendría que ser la actitud mental de esta señora para vivir en paz? Buscar el lado positivo de los hechos.

Cuando hay sol, agradecer al sol que permite que los fideos de una hija se sequen. Cuando llueve, agradecer a la lluvia que permite que la otra hija venda muchos paraguas. De esta manera, la señora estará todos los días contenta. Es importante comprender este cuento, porque hoy en día mucha gente es infeliz porque pretende que todos los días llueva y haya sol al mismo tiempo. Cuando aparecen los problemas, los viven como una condena insoportable y piden ayuda a Dios. Pero cuando llega el momento de disfrutar y tomarse vacaciones, nadie invita a Dios: "Ven, Dios, nos vamos de vacaciones a la montaña." Por eso es importante agradecer todos los días. **Hay que agradecer incluso las cosas malas que nos llegan. Porque los problemas y dificultades nos hacen más despiertos, más fuertes y más inteligentes.**

En Alemania hay un programa de televisión llamado "The Voice Senior" que invita a las personas mayores a 60 años que tienen talento en el canto a participar. Los participantes cantan frente a un público y un jurado, que al principio se encuentra de espaldas al cantante. Si a algún jurado le convence el talento, puede apretar un botón y consecuentemente se da vuelta su silla para poder ver al participante de frente. Es decir, al principio, sólo deben calificar a la persona de acuerdo al canto. Cuando finaliza la canción, el jurado completo puede ver al participante de frente, entonces el o la cantante se presenta y, entre otras cosas, menciona su edad. Más de una vez el jurado se ha quedado sorprendido de que personas mayores a 80 años puedan cantar tan bien, con tanta potencia en la voz y algunos incluso aparentan tener varios años menos. Reiteradamente los participantes mencionan como clave para mantenerse bien a esa edad el hecho de tener una mente positiva.

Como ya se mencionó en el capítulo *Destino, suerte, causa y consecuencia*, nuestros pensamientos forman parte de la causa y es también a través de ellos que podemos influir en el futuro.

Imaginemos la situación en la que se debe tramitar el pasaporte para poder hacer un viaje al exterior y alguien conocido ha comentado en alguna oportunidad que es un trámite tedioso. Esta misma situación puede tener resultados diferentes dependiendo de cómo se lo enfrenta.

Fulanito, convencido de que no será un trámite fácil, decidió esa tarde pedir un día libre en el trabajo para el día siguiente y probar suerte. Se levantó a la mañana siguiente y fue hasta el consulado. Luego de esperar varias horas hasta que le llegó su turno, le negaron el trámite porque no cumplía con los requisitos, por lo que volvió a su casa resignado.

Menganito, al escuchar que el trámite no es fácil, decide posponer el trámite de un día para el otro, una y otra vez, así pasaron varias semanas. Una noche recibe las fotos de un grupo de amigos que está haciendo un viaje en el exterior y no pudo conciliar sueño por estar lamentándose el no poder estar ahí.

Zutanito sabía que el trámite sería tedioso, pero no imposible de resolver en una sola vez. Entonces investigó por internet los requisitos necesarios para hacer el trámite, reunió todos los papeles, pidió una cita por internet y un día de vacaciones para ese mismo día. Llegado el día esperado, se presentó en la oficina de trámites a la hora pactada y en unos minutos ya tenía resuelto el trámite. Por la tarde todavía pudo aprovechar el día libre.

Mente negativa

El ejemplo de Fulanito ilustra justamente esta situación. Si encaramos un problema con un pensamiento negativo, lo más probable es que no lo podamos solucionar, ya que nuestro pensamiento ya condiciona y ocupa la mente con el miedo al fracaso. Ya no estamos en condiciones en pensar con lucidez, de planificar las acciones necesarias para encarar el problema y menos vamos a poder concentrarnos para realizar las acciones, entonces los resultados obtenidos no son los esperados. Tras varios intentos frustrados perdemos la autoconfianza e iniciamos así un cadena cíclica negativa de pensamientos, acciones y resultados, lo que hace difícil salir de este ciclo, pues aparecen entonces varias contrariedades o disgustos a la vez, o una tras otra. Este fenómeno se describe con la famosa frase de William Shakespeare en la obra Hamlet: "cuando llega la desgracia, nunca viene sola sino a batallones".

La falta de acción

¿Qué pasa si uno sólo desea pero no hace nada para que ese deseo se haga realidad, como en el ejemplo de Menganito? En ese caso no sólo no se avanza, sino que además uno puede caer más profundo. Es el caso típico de aquellos que le piden al Cielo un buen trabajo, una relación duradera, un hijo, etc., y se quedan esperando que el Cielo haga sus milagros y les dé todo lo que piden. La gente así pronto cae en una profunda desesperanza y depresión porque nada sale como lo esperaba. Lamentablemente hoy en día es muy común pensar mucho y hacer poco, entonces al llegar la noche, la persona no puede conciliar el sueño. En cambio, si uno durante el día lucha con todo por hacer realidad su deseo, al llegar la noche dormirá como un niño.

Mente positiva

Zutanito es un buen ejemplo para ilustrar esta situación. Siempre decimos que es importante pensar de manera positiva y eso es porque al pensar positivo la mente se armoniza con la energía del Universo, surge entonces un campo de energía poderoso y las malas energías no pueden invadirnos. ¿Pero cómo se consigue eso de pensar positivo? En principio, dedicando el tiempo para hacer cosas con sentido. Cuando desarrollamos cada tarea de manera concentrada, adquirimos experiencia y comprensión. Si uno actúa con concentración, no derrocha su tiempo porque cada tarea que realiza es más eficiente y productiva. Eso a la vez tiene un efecto positivo en la mente y la mente se recarga para poder seguir encarando las tareas venideras, de esta forma se inicia un ciclo positivo. Una manera de mejorar la concentración es respirar profundo lentamente y continuamente a través de la nariz teniendo la boca cerrada, esto activa las células y de esta manera contribuye a trabajar con concentración y lucidez.

Entonces pensar positivo implica también llevar a cabo las acciones necesarias de manera disciplinada, con paciencia y concentradamente, para poder lograr lo que nos proponemos, es decir, las acciones deben ser coherentes con el pensamiento; de nada sirve pensar mucho si no se hace nada.

Hay tres atributos que son necesarios para llevar ese

pensamiento positivo a la acción:

Disciplina

Implica proponerse un objetivo y actuar para cumplirlo. Una vez cumplido, pensar el siguiente objetivo y actuar. Esta manera de vivir, pensando y trabajando disciplinadamente sobre un objetivo a la vez, es la mejor forma para tener una buena vida. La mayoría de la gente piensa cien y no hace ni siquiera uno, eso sólo garantiza una vida de sufrimiento. En la escuela primaria nos enseñaron que no hay que preocuparse por la cosecha; sólo hay que pensar en sembrar ahora las mejores semillas.

Paciencia

Imaginemos que queremos llegar caminando a un sitio que está a 10 cuadras de distancia. Damos el primer paso y nos preguntamos si falta mucho. Vemos que aún falta, entonces damos otro paso y nos volvemos a preguntar ¿cuánto falta? Actuando de esta manera, el camino se hace insoportable. En cambio, imaginemos que hacemos el recorrido concentrados en cada paso que damos, sin pensar en la meta. Actuando de esta manera, llegaremos a destino y el viaje nos habrá parecido breve.

Mucha gente ni siquiera ha plantado una semilla, y ya está pensando en cuánto va a ganar cuando venda la cosecha. Primero hay que sembrar, conocer, aprender, sin pensar en lo que vamos a ganar con eso, la cosecha vendrá cuando llegue el momento.

Concentración

Es muy importante actuar con concentración, no sólo para uno; es muy importante para todos los que nos rodean. Si uno actúa con concentración ejerce una influencia positiva sobre el prójimo: los hijos, el resto de la familia y también las personas del entorno, ya que se armoniza el campo de energía.

Si hay un asunto que preocupa a uno y consecuentemente el ánimo no está bien, uno puede ponerse a practicar con total concentración. ¿Qué se puede practicar?

- Lo ideal es Tai Chi Chuan, ya que este arte marcial genera un buen campo de energía, es bueno para la salud y también para el espíritu.

- Si uno no conoce este arte marcial, también puede utilizar otros medios, como por ejemplo hacer respiraciones profundas concentradamente. Para eso la respiración debe hacerse por la nariz y teniendo la boca cerrada, de forma lenta y continua.

- Otro recurso es cantar canciones alegres alargando los sonidos de las sílabas finales de cada palabra.

El objetivo de utilizar estos métodos es dejar de pensar en ese tema preocupante. La práctica concentrada genera más energía y uno empieza a sentirse mejor. ¿Qué significa practicar de manera concentrada? Practicar con la mente y el cuerpo unidos como una sola cosa, eso nos da equilibrio y fortaleza. Si logramos unir nuestro cuerpo y mente, seremos fuertes. Si logramos unir nuestra familia, será fuerte. Si logramos unir nuestro país, será fuerte. Un buen ejemplo del poder de la acción en unidad es la Fundación Tzu Chi. Basta una palabra de la Maestra Cheng Yen para que millones de voluntarios en todo el planeta se pongan en acción para realizar una tarea y ésta se cumple de manera exitosa y en muy poco tiempo.

Ejercicio 7

Conocer mi tipo de mente a través del análisis de mis pensamientos

Es momento de hacer una pausa en la lectura para analizar mis pensamientos y actividades del día y saber qué tipo de mente tengo.

Para ello, primero realizamos un listado de las actividades planificadas para el día y las comparamos con las actividades que realmente pudimos realizar al término del día.

Actividades planificadas	Actividades realizadas

Luego, clasificamos las actividades realizadas en 3 grupos, según el resultado:

Resultado positivo	Resultado negativo	Neutro

De las actividades con resultado negativo o neutro, ¿cuáles fueron las causas por las que no se pudieron completar exitosamente? ¿Son estas causas internas o externas a mí?

Se recomienda hacer este ejercicio durante varios días, como mínimo durante una semana, para poder detectar con más exactitud las tendencias de mi pensamiento.

Si eres alguien quien tiene muchos objetivos diarios pero no logra alcanzar ni la mitad de ellos, es probable que:

• Te propones demasiados objetivos que no puedes concretar. por lo que debes aprender a darle prioridades a los objetivos.

• Debas aprender a incorporar e integrar los tres atributos: disciplina, paciencia y concentración para aumentar tu eficiencia.

• Tienes objetivos que simplemente quedan en tu pensamiento, ya que no los llevas a la acción.

• El no poder concretar un objetivo te desmotiva a seguir con el cumplimiento de los otros objetivos. En este caso, aprende a concentrarte únicamente en el objetivo actual en cada momento, sin pensar en los otros objetivos. A veces la falta de experiencia es la razón del fracaso, entonces es cuestión de repetir unas veces y ya se podrá ver el resultado positivo, como bien dice la expresión "la práctica hace la perfección".

Si te cuesta conciliar sueño por la noche porque la mente sigue trabajando con los pensamientos, puedes probar el siguiente ejercicio:

En primer lugar es importante tener presente que de nada sirve pensar en ese asunto en este momento si no se puede concretar o solucionar. Para eso es mejor buscar un momento apropiado durante para ello.

El ejercicio consiste en relajar los músculos del cuerpo progresivamente, durante el proceso es importante respirar profundamente por la nariz y espirar lentamente por la nariz, imaginando que toda la tensión del cuerpo se libera por la zona del tórax con cada espiración.

Empezar relajando la zona de la cabeza: la lengua, la mandíbula y los ojos. Luego ir descendiendo hacia los pies, imaginarse el hundimiento de los hombros, seguidamente relajar el brazo dominante y luego el otro. Continuar con los muslos, las rodillas, las pantorrillas, los tobillos y los pies.

Este método fue desarrollado para fomentar el

sueño en los soldados estadounidenses y puede ayudar a conciliar sueño en cuestión de unos 2 minutos. Es probable que necesites unos días de práctica para interiorizar y que surja el efecto deseado, no te aflijas si es así.

Mente simple

Además de pensar positivamente, es importante tener una mente simple. Eso se logra cuando nos enfocamos en la unidad, es decir, si estoy haciendo "a", mi mente está concentrada únicamente en "a" y no pienso en ninguna otra cosa. Nos gusta creer que podemos hacer muchas cosas al mismo tiempo; que somos muy inteligentes y podemos tener la mente en varios sitios diferentes al mismo tiempo, pero no es cierto. Actuar y pensar de esa manera nos hace perder tiempo y terminamos sin resolver nada bien. Debemos fijar prioridades, concentrarnos en una sola cosa a la vez y evitar la soberbia. Esa es una manera de tener una mente simple.

Privarnos de pensar en los asuntos ajenos, no dejarse distraer por chismes y habladurías nos permite mantener la mente limpia y simple. Cuando la mente es simple, le resulta muy fácil aprender.

Hay un señor en Taiwan que tiene 106 años y desde hace 46 años recorre por varias ciudades de Taiwán, pasando una vez por mes por cada ciudad, utilizando como transporte el bus para conectar entre las ciudades y luego caminando varios kilómetros, yendo a la casa de las personas que aportan dinero mensualmente para recolectar y entregárselo a la Fundación Tzu Chi a fin de cada mes. Él no tuvo oportunidad de estudiar y apenas sabe leer y escribir, pero todos los días se mueve de un lado para el otro. En una oportunidad le preguntaron hasta cuándo iba a seguir haciendo esa actividad y él respondió: "mientras pueda seguir caminando...". ¿Cómo hace este señor para tener una vida tan activa siendo tan anciano? La clave está en su actitud positiva. Mantiene su mente simple y llena de energía positiva. Hay muchos jubilados que colaboran con la Fundación, invirtiendo el tiempo disponible por no tener que trabajar.

En una ocasión la Maestra Cheng Yen los reunió a varias personas de edad avanzada que continúan haciendo voluntariado en la Fundación y les dijo que los años vividos son como dinero guardado en el bolsillo y que uno puede depositar parte de ese dinero en el banco para tener los bolsillos más livianos. Así, si uno tiene 80 años puede guardar en el banco unos 50 y quedarse con 30 nada más. De esta manera la edad no pesará tanto, no se transformará en un obstáculo y uno tendrá más vitalidad. Lo que quiso decir en concreto la Maestra es que no debemos pensar que llegada a una determinada edad ya no estamos en condiciones de seguir realizando las actividades propuestas, lo más importante es tener fuerza de voluntad, ésta nos brindará más vitalidad.

Lo primordial al hacer trabajo de voluntariado es primero tratar de disminuir el egoísmo y la codicia. Invertir en amor y misericordia sin esperar nada a cambio genera una energía muy positiva que vuelve a uno. La práctica del amor y la compasión, además, genera una alegría que disuelve todas las preocupaciones. Si uno pone su mente en positivo e intenta dar amor, aún cuando venga mala energía desde afuera, tendrá paz y alegría.

A veces la situación social en la que vivimos no es la ideal. Tenemos que comprender que uno no puede manejar la situación social. Lo que sí podemos hacer es pensar, hablar y actuar lo mejor posible. Si uno se transforma en un ejemplo positivo para los demás, estará ayudando a que el mundo sea mejor. El camino para mejorar el mundo no es decirle a los demás lo que deben hacer; es convertirse uno mismo en ejemplo de buena conducta para inspirar a los que nos rodean.

Mente abierta

En algunas situaciones nos toca ganar o conseguir algo, mientras que en otras ocasiones nos toca perder algo. Sea cual fuere la situación conviene ser receptivo a nuevas ideas y diferentes opiniones o puntos de vista.

Un campesino en la Antigua China se dedicaba a criar caballos. Un día, uno de sus caballos cruzó la frontera de su imperio hacia las tierras del enemigo. Pero ante esta situación, el campesino no se entristeció y le dijo a su familia: "quizás esta situación nos traiga buena fortuna en el futuro". Dicho y hecho, unos meses después volvió el caballo acompañado de otros caballos, lo cual trajo regocijo en la familia. Un tiempo después, el campesino tuvo lamentablemente una caída muy fuerte andando en uno de esos caballos y se rompió una pierna. A pesar de eso, el campesino no se desanimó de la vida. Un año más tarde, las tropas del pueblo enemigo invadieron el imperio, todos los jóvenes debieron ir a combatir, en donde 9 de cada 10 combatientes dejaron sus vidas en la batalla. El campesino, debido a que había quedado rengo, pudo salvar su vida.

Este cuento nos enseña que el hecho de perder o prescindir de algo nos pueden abrir las puertas para que ocurran otros hechos más favorables y, por otro lado, conseguir o lograr algo puede parecer positivo en un principio pero nos puede traer finalmente una desgracia. Por eso, conseguir, recibir o ganar algo no siempre es una bendición; perder algo no siempre es una adversidad.

Eso mismo sucede durante la vida, en donde ocurren un desencadenamiento de acontecimientos, algunos nos afectarán positivamente, mientras que otros nos podrán dejar un sabor amargo temporalmente. Lo más importante es no detenerse en cada uno de esos momentos, sino seguir adelante en el camino hacia el objetivo de la vida.

 Lecciones aprendidas

Ajustando nuestro pensamiento al lado positivo permite que la mente se armonice con la energía del Universo, surge entonces un campo de energía poderoso que influye positivamente sobre los hechos. A pesar de eso, no sólo alcanza con pensar positivo, sino que hay que llevar ese pensamiento a la acción, para eso planificar los pasos necesarios para lograrlo y ejecutarlo de manera disciplinada, con paciencia y concentrada, alejándonos de los chusmerios para mantener la mente limpia y simple, obteniendo así una coherencia de la acción con el pensamiento. Entonces, se inicia un ciclo de pensamiento positivo.

El pensamiento positivo sumado a las acciones positivas realizadas con amor, compasión y misericordia genera una alegría que disuelve todas las preocupaciones.

No hay que lamentarse el perderse algo o alegrarse tempranamente de haber conseguido algo. Debemos mantenernos receptivos a nuevas ideas y diferentes opiniones o puntos de vista, ya que a veces la impresión a primera vista puede cambiar totalmente con el tiempo.

Nuestro pensamiento positivo puede ser un ejemplo para los demás, permitiendo inspirar al prójimo también en los tiempos difíciles.

8

MEJORAR NUESTRA CALIDAD DE VIDA

Hay varios aspectos en la vida que contribuyen a mejorar nuestra calidad de vida. La mayoría de la gente asocia la calidad de vida con el lujo y la abundancia de bienes materiales, en cambio, nosotros consideramos que la calidad de vida se mide de otra manera. La condición principal es poseer una buena salud, no sólo en lo físico, sino también manteniendo la mente tranquila y el pensamiento y las acciones apropiadas pueden influir positivamente en nuestra salud.

Por otra parte, el ser humano es parte de un ecosistema con la cual interacciona, es por eso que es fundamental interactuar positivamente con los demás convivientes de este ecosistema y la Naturaleza. Todas las especies que existen forman parte de la Naturaleza y se relacionan entre sí por un vínculo de generación e inhibición mutua. De faltar alguna especie, se pierde en parte el equilibrio. Cuantas más especies desaparecen, mayor es el desequilibrio. Ejemplo de ellos son el cambio climático, el efecto invernadero y la polarización de los climas al frío y calor extremos. Dado que la superficie terrestre interactúa de manera continua con la atmósfera y se produce un flujo global, estos fenómenos no sólo se dan en los países desarrollados, sino también afectan a aquellos países de menor grado de desarrollo. En otras palabras, es difícil mantener una vida sana, y por lo tanto una buena calidad de vida, si no vivimos en un entorno sano.

Hacer ejercicios o deportes

 Piao Sheng:

"El otro día le explicaba a una señora mayor la importancia de hacer ejercicios. Ella me decía que no tenía dinero para pagar clases de gimnasia. Yo le dije que podía hacer un ejercicio muy completo y que brinda muchos beneficios. Consiste en tomar una bolsa e ir por el espacio público recogiendo la basura que encuentra en el camino. De esta manera ejercita su cuerpo, tranquiliza su mente y ayuda proteger el medio ambiente. Esta es una actividad que le permite a la persona exteriorizar su amor. Y además, constituye un buen ejemplo que ayudará a que otros hagan lo mismo."

Si uno tiene la costumbre de hacer ejercicios es importante mantenerla, pero se debe tener en cuenta que cualquier actividad física debe tener límites, estar acorde a nuestro estado físico y debe ser equilibrada, la complejidad también debe ir aumentando gradualmente y no súbitamente. Hacer demasiado esfuerzo, levantar demasiado peso repentinamente, hacer trabajar demasiado al corazón, todo eso puede dañar la salud o matar a la persona. Se ha visto en las noticias que algunas personas han muerto durante clases de crossfit. ¿Qué es lo que busca uno al hacer ejercicio? ¿Estar mejor o morirse? Hasta las máquinas tienen un límite, pasado el cual se descompone. Cada uno tiene que conocer el límite de su cuerpo y adaptar los ejercicios de acuerdo a ello.

Si, en cambio, uno no tiene la costumbre aún de hacer ejercicios, no es tarde empezar ahora y mantenerlo incluso más allá del retiro. Los ejercicios físicos no sólo ayudan a mantener el cuerpo en forma sino que los ejercicios saludables hechos correctamente pueden ayudar a prevenir enfermedades. En Argentina teníamos un vecino que sufría dolores del nervio ciático y los médicos le recetaron medicamentos para aliviar el dolor que le arruinaron los riñones. A los dos años los riñones no le funcionaba más y falleció. Mucha gente hace cualquier cosa para escapar del sufrimiento. En lugar de hacer ejercicios para aliviar las causas del lumbago, mucha gente elige tomar analgésicos y después las consecuencias son peores. Por eso, no conviene querer escapar del sufrimiento dejando de hacer ejercicios, sino todo lo contrario, se puede escapar del sufrimiento físico haciendo ejercicios.

La alimentación también influye. Cuando una persona come mucha carne, en especial la carne que tiene más grasa, hace que la sangre se vuelva más densa, lo que fatiga al corazón. Es por eso que se debe poner atención en la alimentación también.

El horario en la que se hace actividad física también es importante. Entre las **11 y las 13** hs es el horario del meridiano de corazón y no conviene hacer ejercicio muy intenso, como entrenamiento cardiovascular. Algunas personas aprovechan el receso del mediodía para salir a correr, eso le ha costado la vida a más de uno. Un gran susto al mediodía también puede ser fatal, por ejemplo, hay personas que fueron asaltadas durante el mediodía y se han muerto al poco tiempo por el susto.

Hay que conocer estas cuestiones, pues no es lo mismo cualquier ejercicio, ni cualquier horario, ni cualquier alimento. Respetar los ritmos naturales del cuerpo es fundamental para mantener la salud. Después de comer no es bueno hacer actividad física, ni siquiera Tai Chi Chuan o meditación. Conviene descansar un rato o incluso hacer una pequeña siesta de 20 minutos para facilitar la digestión.

Un buen horario para hacer ejercicios es durante la mañana, después de levantarse, es el mejor momento para hacer ejercicio pues el oxígeno es abundante, lo cual el efecto es aún mejor para activar las células del cuerpo y luego empezar con lucidez el nuevo día. Luego del ejercicio, viene el desayuno. Se puede hacer ejercicio también por la tarde, pero el efecto no es el mismo, pues no hay tan buen oxígeno. Por la noche no conviene hacer ejercicios muy fuertes, por un lado porque llegada la noche los árboles producen dióxido de carbono y por otro lado, puede influir en el sueño dificultando su conciliación.

Calistenia

La calistenia es un sistema de ejercicios físicos con el propio peso corporal. Accediendo al siguiente enlace se podrá ver una serie de ejercicios creados por Piao Sheng Chao en base a su experiencia en las disciplinas del Tai Chi Chuan, Pa Kua, Hsing I Chuan y de su actividad en la Medicina Tradicional China, contribuyendo en la disolución de molestias y dolores que aquejan a sus pacientes.

Escanea el siguiente código

O ingresa la siguiente URL:

https://bit.ly/3eHwHwB

Esta calistenia forma parte de los ejercicios introductorios para el aprendizaje del Tai Chi Chuan y es muy buena para elongar el cuerpo, mejorar el equilibrio y la conciencia corporal; para acomodar todas las articulaciones y moverlas sin riesgo de lesión; para mejorar la circulación sanguínea, el funcionamiento linfático y fortalecer el sistema inmunológico. Varios de los ejercicios poseen el beneficio de movilizar toda la columna vertebral, que es la base para una vida saludable.

Si se practica con concentración y se presta atención en los detalles resaltados se obtiene el máximo resultado. Si se practica con la mente dispersa, se estará desaprovechando muchos de sus beneficios. La mayoría de la gente encara la actividad física escuchando música, pero se recomienda practicar estos ejercicios concentrándose en los movimientos implicados en cada ejercicio, preferentemente al aire libre o sino con la ventana abierta para absorber mejor el oxígeno y conectarse con la Naturaleza.

Hoy en día, hay una gran cantidad de personas que trabajaban frente a las computadoras, otros se sientan luego del trabajo frente a los televisores, por eso es importante compensar ese sedentarismo movilizando la columna. Los ejercicios mostrados acá son seguros si se hacen de manera correcta porque fueron estudiados y probados a fondo durante mucho tiempo y los hacemos en armonía con la respiración.

Lo importante es que cada uno lo ejercite de acuerdo a sus condiciones. Si no se logra enderezar las rodillas para elongar porque se sienten los tendones muy tirantes o no se logra mantener la posición del jinete por mucho tiempo, no hay que forzar demasiado de una vez. Primero se debe probar para saber cuál es el límite y de acuerdo a eso tratar de superar de a poco ese límite día por día. Si se practica con disciplina, paciencia y concentración, luego de un tiempo ya se notará la diferencia.

El ejercicio denominado "La cascada golpea a ambos costados" también es muy beneficioso en caso de que uno se sienta mal, por ejemplo, cuando hay dolor de panza, falta de energía, etc. La respiración profunda combinada con el movimiento de los músculos abdominales son un masaje muy beneficioso para todos los órganos. Las defensas del organismo aumentan y se eliminan toxinas. Por eso se recomienda practicar y no hacer reposo cuando aparecen los síntomas de enfermedad.

 **Ejercicio**

Calistenia

Realizar los ejercicios de la calistenia presentada, mirando con detenimiento el video correspondiente a cada ejercicio la cantidad de veces que sean necesarias hasta incorporarlos. La ejecución de los ejercicios comienza una vez cumplidos los 5 segundos, en caso de necesitar más tiempo para leer las instrucciones se puede poner pausa.

Se puede ir incorporando los ejercicios de a poco, por ejemplo, 1 ó 2 por día, realizando varias repeticiones de cada uno. Al cabo de unos días se dispondrá de una serie de ejercicios que se recomienda realizar todos los días para contribuir a una vida saludable.

Lo importante es la calidad con la que se hacen los ejercicios y no la cantidad de ejercicios nuevos incorporados por día.

Mantra

"Nan Mo A Mi Tuo Foo" es un mantra que invoca la energía de la luz infinita bendiciendo a uno mismo y a los demás. La traducción exacta de las palabras del mantra no es importante, lo fundamental es lo que hacemos con nuestro cuerpo, mente y espíritu cuando lo recitamos. Unimos nuestras palmas a la altura del corazón, y el sonido que producimos al soltar el aire de manera controlada y continua genera una vibración que es recogida por las manos y emitida hacia afuera; es una energía de amor y compasión hacia todos los seres vivos.

La mente está totalmente concentrada en la sonoridad del mantra y se va aquietando cada vez más. La repetición del mantra genera a nuestro alrededor un campo de energía positiva que ayuda a repeler la mala energía y los pensamientos negativos. Se puede mejorar la concentración al recitar el mantra alargando el sonido de cada tono y manteniéndolo entre unos 5 y 7 segundos, de esta manera la mente tendrá que coordinar la respiración con el sonido y por lo tanto no podrá estar pensando en otro asunto paralelamente.

¿Por qué recitamos el mantra? A veces uno vive situaciones que le generan miedo, angustia. Cuando uno se ve dominado por estas emociones es muy difícil pensar con claridad y reaccionar correctamente. Esos son momentos en los que uno también es más vulnerable a las malas energías, por eso es importante aprender a recitar el mantra: para protegerse de la energía negativa, para recuperar la calma y poder tomar buenas decisiones.

 Piao Sheng:

"Las malas energías son como demonios que tratan de entrar dentro de la gente en los momentos de vulnerabilidad. A veces adoptan apariencias atractivas. Un alumno me contó que estaba con su novia en el dormitorio y ambos vieron una luz que atravesaba la habitación. Me preguntó si podía tratarse de Buda. Yo le dije que Buda no suele aparecer en el dormitorio, que seguramente era otro tipo de energía.

Las malas energías están siempre al acecho. La soberbia suele abrirle la puerta a todas las malas energías. Un día un alumno me dijo: "¿Sabe, Maestro? Hace cinco años que vengo tomando un vaso de jugo de naranja todas las mañanas, y desde entonces que no me enfermo." Un par de días después contrajo una fuerte gripe."

Cuando se recita el mantra con total concentración, se produce una conexión entre el practicante y el Universo. Eso brinda una enorme paz interior y mucha energía. Pero todo esto funciona si se lo practica cotidianamente. Si uno no tiene el entrenamiento de recitar el mantra todos los días, le va a servir de poco cuando lo quiera usar en una situación de emergencia.

Ejercicio

Recitar el mantra

Hay diferentes formas de recitar este mantra, se puede cantar el mantra si la persona se siente más motivada por el uso de la música, se puede recitar simplemente leyendo o recitar alargando el sonido de cada tono y manteniéndolo entre unos 5 y 7 segundos, aquí encontrarás un ejemplo.

Escanea el siguiente código

O ingresa la siguiente URL:

https://bit.ly/30wXcQq

En cualquiera de los casos, lo importante es que la mente esté concentrada.

Prueba las diferentes alternativas y encuentra la más apropiada para ti. ¿Has notado alguna diferencia?

Comida sana

Comer sano tiene una influencia directa en nuestra salud e implica una dieta balanceada para que el cuerpo tenga las vitaminas y proteínas necesarias para el adecuado funcionamiento del cuerpo. La idea aquí no es proveer una dieta determinada, ya que ésta depende del tipo de dieta que uno desea seguir, hay personas que siguen una dieta estrictamente vegana, otros son vegetarianos y gran parte de la población come carne y pescados. En cambio, es nuestro deseo proveer ciertos consejos ante situaciones que enfrenta una gran cantidad de personas.

El beneficio del agua caliente

Algunas personas sufren malestares corporales cuando hay mucha humedad, en estos casos lo mejor es tomar agua caliente y hacer ejercicio para estimular la circulación y la transpiración, de esta manera los dolores articulares desaparecerán.

En los días de calor también se recomienda tomar agua tibia o caliente, mucha gente pondrá cara de no entender y se preguntará: "si tomo agua caliente voy a sentir más calor todavía". Eso no es cierto. Al tomar agua caliente, después uno se siente mejor. Eso es debido a que el estómago debe llevar la comida a una temperatura normal para realizar la digestión. Si se consumen bebidas o comida fría, el cuerpo debe calentarlas primero a la temperatura corporal, eso le cuesta fuerza a nuestro metabolismo y es por eso que se produce más sudoración y agotamiento, lo cual baja la presión y puede provocar malestar. Entonces, las bebidas frías sólo brindan un enfriamiento temporal del cuerpo. En oriente tenemos un dicho que dice "manteniendo la mente calma se consigue automáticamente la frescura", esto es importante especialmente en verano.

Por otra parte, el frío produce vasoconstricción y

como consecuencia eleva la presión arterial. El enfriamiento excesivo de los vasos del corazón puede derivar en un paro cardíaco.

Buenas prácticas al comer

En cuanto a la comida no sólo es importante lo que se come, que sea sano y balanceado, sino también cuánto y cómo. Seguramente a más de uno le pasó alguna vez haber comido en exceso, tener esa sensación de pesadez porque el proceso de digestión dura más tiempo y toma control del cuerpo, a veces incluso uno se siente mal. Especialmente si se comió demasiado al mediodía y la jornada laboral continúa, influye negativamente en el trabajo. Es que la sangre debe concentrarse en la zona del estómago para llevar a cabo el proceso de digestión mediante los movimientos peristálticos, por eso fluye en el momento menos sangre en el cerebro y nos da sueño. Si uno intenta forzar la concentración logrando que fluya más sangre en el cerebro, está afectando la digestión y a la larga puede desembocar en dolores de estómago. Se recomienda llenar sólo el 70-80% del estómago, de tal manera que no quedar muy satisfecho pero tampoco tener sensación de hambre.

El estómago es un órgano flexible, se agranda y se achica de acuerdo a las necesidades. Cuando lo mantenemos siempre lleno, el estómago se agranda cada vez más. Además, el postre después de la comida no es recomendable, ya que abre más el apetito estimulando los nervios receptores del estómago para acelerar el proceso de digestión y así poder recibir nuevamente más comida. En fin, una persona debe comer para poder vivir y no vivir para comer.

Además de la cantidad, es importante controlar la velocidad con la que se come. Hoy en día estamos siempre a las corridas y nunca tenemos suficiente tiempo para sentarnos a comer tranquilos, masticando la suficiente cantidad de veces hasta triturar la comida antes de tragarla. Mientras más se desmenuce la comida, menos tendrá que trabajar el estómago para digerirlo.

Comida vegetariana o vegana

La diferencia entre los vegetarianos y veganos consiste en que los vegetarianos aceptan derivados de los animales, como huevos y leche, pero los veganos no.

La dieta vegetariana o vegana es rica en fibras y pobre en grasas, mientras que la carne es la principal fuente de grasa saturada y colesterol en la dieta. Es cierto que una dieta vegetariana o vegana tiene menor contenido proteico que una dieta basada en carnes, pero esto es en realidad una ventaja, ya que el exceso de proteínas se asocia con la formación de cálculos renales, la osteoporosis, y posiblemente con las enfermedades cardíacas y el cáncer. Por otra parte, una dieta basada en legumbres, granos, frutas y vegetales, contiene la cantidad de proteínas que necesita el ser humano.

Debido a ello, llevar una dieta vegetariana o vegana puede ayudar a prevenir enfermedades como el cáncer, diabetes, enfermedades del corazón, la formación de cálculos biliares y renales, ayuda a controlar la hipertensión y también contribuye a la prevención de la osteoporosis, ya que los productos animales inducen la descalcificación del hueso, el hecho de comer carne favorece la osteoporosis. En cambio, es fácil obtener calcio a partir de una dieta vegetariana o vegana, pues lo contienen muchos vegetales verde-oscuros y frijoles. Los granos, legumbres y frutas contienen una importante cantidad de hierro.

Varios deportistas de alto rendimiento pudieron mantenerse entre los mejores en sus disciplinas llevando una dieta vegetariana o vegana, como por ejemplo los tenistas Novak Djokovic, Serena y Venus Williams, el piloto británico de automovilismo Lewis Hamilton, muchos futbolistas internacionales incluyendo a la estadounidense Alex Morgan, el español Héctor Bellerín, los ingleses Chris Smalling, Jack Wilshere y Jermain Defoe, el basquetbolista o baloncestista de la NBA Kyrie Irving, son sólo algunos ejemplos de una lista larga de deportistas que tomaron esa decisión. Otros, como los futbolistas argentinos Lionel Messi y Sergio Agüero se alimentan a base de plantas durante la temporada de competición. La dieta trajo a los deportistas como consecuencia buenos rendimientos deportivos, desaparición de los dolores musculares y en las articulaciones que poseían y buenos tiempos de recuperación a pesar de haber entrado a la tercera década en sus vidas.

Además de los beneficios en la salud, la dieta vegetariana o vegana implica el cuidado del medio ambiente debido a los siguientes hechos:

- El 70% de los cultivos se destinan a la alimentación del ganado, éste produce grandes cantidades de desechos y metano, uno de los peores gases de efecto invernadero, ya que es aproximadamente 25 veces más potente para atrapar el calor que el dióxido de carbono y contribuye al calentamiento global del planeta Tierra.

- El 30% del terreno disponible en la Tierra se usa de

manera directa o indirectamente para criar los animales que comemos, lo que resulta en la degradación de la tierra, la pérdida de biodiversidad, la contaminación del aire y el agua, y la escasez de agua.

- Casi 1/5 de todos los gases de efecto invernadero se atribuyen a la producción ganadera, más de lo que genera el transporte.

- La fundación Tzu Chi llegó a la siguiente conclusión en una investigación: quien sigue una dieta vegetariana contribuye a la reducción en la emisión de dióxido de carbono en algo más de 2 kg por día.

- Varios investigadores sostienen que una dieta vegetariana puede alimentar a más personas que una dieta a base de carne. Por ejemplo, se pueden cultivar aproximadamente 20,000 libras de papas en un acre de tierra. Comparativamente, sólo se pueden producir alrededor de 165 libras de carne vacuna en 1 acre de tierra.

Como se puede apreciar consultando el sitio https://ourworldindata.org/agricultural-land-by-global-diets, la ganadería ocupa casi el 80% de las tierras agrícolas mundiales, pero produce menos del 20% del suministro mundial de calorías. Los habitantes de algunos países poseen hábitos alimenticios que si se proyectaran esos hábitos a todo el planeta, los terrenos del planeta Tierra no alcanzarían para suministrar a todos los habitantes. Evidentemente estamos frente a la necesidad de reflexionar y realizar cambios en los hábitos alimenticios, de otro modo nos encontraremos con problemas de suministro alimenticio tarde o temprano.

Otra de las buenas razones para seguir una dieta vegetariana o vegana tiene que ver con el aspecto moral, del respeto a la vida. Para que el ser humano disfrute de la carne, los animales deben someterse a una vida llena de sufrimiento y maltrato, especialmente en la producción de carne industrializada: se separan a las madres de sus crías, los animales viven en hacinamiento y por lo tanto se les inyectan antibióticos para prevenir enfermedades y para acelerar el proceso se les inyectan hormonas de crecimiento, hasta que llega el ritual del sacrificio en los mataderos. Si bien el consumidor no mata directamente a los animales, a través de su demanda promueve ese hecho, por lo que es una especie de cómplice. Por otra parte, esas hormonas inyectadas, junto con las hormonas de estrés producidas durante la matanza quedan almacenadas en el cuerpo del animal y también ingeridas por las personas.

Se puede cuidar la propia salud, el medio ambiente y confirmar el amor hacia todos los seres vivos desistiendo sólo de algunos ingredientes en la dieta. La naturaleza nos provee de innumerables opciones de vegetales que poseen la particularidad que al cosechar sus frutos nacen nuevamente otros, a diferencia de los animales, que deben sacrificar sus vidas para transformarse en alimento.

Ejercicio

El vegetarianismo estimula la imaginación

Más de uno habrá pensado que ser vegetariano o

vegano es una práctica muy difícil de lograr por las restricciones en los ingredientes y por lo tanto muchos platos tradicionales ya no estarían disponibles en la dieta.

Pensando de otro modo, es una forma de incentivar la imaginación y nos estimula a pensar cómo combinar mejor los ingredientes vegetales. Varios platos tradicionales como las pastas, los alimentos basados en masa como las pizzas, la papa o patata, el arroz en sus variantes cocidas estarían aún disponibles, habría sólo que prestar atención en los ingredientes del relleno, Hoy en día en internet es una gran ayuda en cuanto a recetas.

Si eres alguien quien suele comer carne en todas las comidas, puedes empezar con platos vegetarianos una comida por día e ir incrementando gradualmente hasta convertirse en todas las comidas de un día. Luego ir aumentando la cantidad de días por semana, desde pocos días a la semana e ir aumentando con el paso del tiempo.

Cuidar el pensamiento

Una vez que comprendemos cómo el karma influye en nuestras vidas y que en la vida es inevitable encontrarse con sufrimientos, el próximo paso es la aceptación cuando nos toque vivirlo y encararlo con pensamientos positivos y acciones positivas. Si la vida no es fácil, si hay sufrimiento, no hay problema; eso nos hará más fuertes. Es como el acero, que debe ser templado para hacerse fuerte. Cuando empezamos algo nuevo es normal que haya algo de sufrimiento al comienzo. Luego, cuando nos acostumbramos a lo nuevo, va desapareciendo el sufrimiento. Por ejemplo, cuando alguien empieza a practicar Tai Chi Chuan o alguna serie de ejercicios es común sentir molestias o dolor en las piernas o zonas involucradas porque ellas no están acostumbradas a los movimientos. Pero si uno no abandona y sigue practicando ese dolor desaparece y empiezan a aparecer los beneficios: uno se siente más fuerte, más liviano, con más energía y se disfruta de la práctica. Nuestro cuerpo puede ser tan funcional como una gran caja de herramientas, mientras más se practica con ella o más se usa para hacer cosas con sentido, es como agregar una herramienta más a la caja cada vez. Entonces nuestro cuerpo se volverá más fuerte y multifuncional y a la vez será más difícil de encontrar algo que nos pueda desconcertar o frustrar. Es decir, cuanto mayor es la experiencia y la práctica, mayor es la sensación de logro. Si uno posee cada día sensación de logro, ¿cómo es posible no ser feliz? Recuerda esta frase: las personas que tienen una sensación de logro todos los días son las más felices. Por eso vale la pena utilizar el cuerpo para practicar con el fin de mejorar el aspecto espiritual. Del sufrimiento nace el logro y el logro hace a una vida satisfactoria, esa es la verdadera felicidad.

Una vez, alguien le preguntó a Buda qué había ganado dedicando tantos años a la meditación. Buda le respondió: "No gané nada. Pero sí perdí varias cosas: la tristeza, el odio, la codicia, la ansiedad y el miedo a la muerte."

Así funciona la vida. Al principio se sufre, pero luego se cosecha alegría. Si se comprende esto, uno estará más conforme con su existencia, su vida tendrá más felicidad y sentido.

 Ejercicio

Aprender la aceptación agradeciendo

A muchas personas les cuesta aceptar el hecho de encontrarse con piedras en el camino. Ni bien ocurran algunos hechos negativos piensan que todo lo negativo les ocurre a ellos o sólo se concentran en los hechos negativos, dejando de lado todos los aspectos positivos que poseen u ocurren, como si fuera algo obvio. Por eso, es importante saber agradecer.

¿A qué agradecerle? Puedes agradecer por todo lo que quieras. Por ejemplo, por tener una familia, por poseer los elementos indispensables para vivir, a los proble-mas, que son desafíos que nos ayudan a aprender las lecciones en la vida y nos harán más fuertes, por estar en condiciones de ayudar al prójimo y a la vida porque sólo estando vivos podemos llevar a cabo todas las tareas cotidianas.

Tómate unos minutos todos los días y agradece, juntando las palmas de las manos en el eje central del cuerpo, a la altura del corazón.

Saber apreciar lo positivo ayuda a aceptar los hechos negativos.

Acciones positivas

Siempre decimos que hay que pensar de manera positiva. Con esto queremos decir que tenemos que ocupar la mente con ideas y pensamientos que nos nutran y nos den fuerza para seguir adelante y tratar de mejorar. Si ocupamos la mente con ideas que nos tiran para abajo, estaremos debilitándonos.

El trabajo voluntario, con el corazón abierto a la misericordia, es una manera de llevar a la práctica el pensamiento positivo y, a su vez, es una fuente inagotable de ideas positivas y vigorizantes. El que dedica parte de su tiempo a ayudar a los demás, se siente mejor al terminar la tarea. Hacer trabajo voluntario, donar tiempo y ejercer con hechos concretos la compasión hacia los más necesitados, es la manera más simple de empezar con la práctica espiritual. Invertir en el espíritu es la mejor inversión; es mejor que ganar la lotería, porque la ganancia es mayor y no se agota. Las ganancias obtenidas al invertir en el espíritu son el único bien que podemos llevar a la siguiente vida. Es como una masa de pan elevada, separamos un poco de esa masa y la guardamos para la siguiente vida, entonces en la próxima vida ya no necesitaremos repetir el proceso nuevamente y agregar nuevamente levadura, sino que podemos hacer elevar la masa directamente; en cada vida esa masa se va haciendo más grande y rica. Mencionamos anteriormente que había que concentrarse en la siembra sin pensar en la cosecha y el trabajo voluntario es parte de la siembra. Se suele decir que esto es "cultivar el campo del corazón".

Ejercicio

Ayudar al prójimo

Las personas somos de naturaleza bondadosas y estamos dispuestos a ayudar al prójimo cuando lo necesitan. Para cultivar el campo del corazón podemos empezar prestando atención a las personas que nos rodean, como la familia, los amigos, los colegas, etc., identificar si necesitan algún tipo de ayuda y ayudarlos cuando lo necesitan. Luego, ir ampliando la voluntad de ayudar a las personas desconocidas.

Cuidar el entorno

En la Argentina se han eliminado millones de hectáreas de bosques con el propósito de sembrar soja. Este tipo de acciones generan grandes desequilibrios en el delicado sistema natural que hace posible la vida en el planeta. A través de nuestra actividad, los humanos generamos dióxido de carbono. Los árboles toman ese gas nocivo para los humanos y generan oxígeno, que necesitamos para vivir. ¿Qué creen que va a pasar si eliminamos los árboles? ¿Cómo vamos a vivir sin aire para respirar? Los humanos generamos el gas que los árboles necesitan; los árboles generan el gas que necesitamos los humanos. De esta manera los humanos y árboles somos parte de un perfecto equilibrio natural que estamos rompiendo.

Mucha gente no es consciente de su responsabilidad personal y social en el deterioro del medio ambiente. La mayoría ve a la Naturaleza como algo que siempre estuvo y siempre estará y que no se ve afectada por sus acciones. Lo cierto es que la Naturaleza también necesita respirar, si llenamos el planeta de construcciones de cemento y quitamos los árboles es como taparle la nariz a alguien, esa persona se va a resistir y hacer todo lo posible, incluso algún movimiento brusco para quitarse el objeto que tapa su nariz y poder volver a respirar normalmente.

La influencia del ser humano en la Naturaleza puede ilustrarse con el ejemplo de lanzar una pequeña piedra en un gran estanque de agua calma. Al realizar dicha acción, se producen pequeñas ondas de agua que se van extendiendo hacia los alrededores, cuanto más lejos más delgadas, hasta llegar a las orillas. Si muchas personas lanzaran piedras al estanque ininterrumpidamente, las ondas en la superficie del agua no cesarían. El pensamiento y la actividad del ser humano también forman ondas que se expanden a todo el Universo. Estas ondas llevan mensajes y sentimientos como alegría, ira, tristeza o felicidad: cada uno de nuestros movimientos y acciones se reflejan en el Universo como si fuera un espejo y vuelven a proyectarse en la Tierra, por lo que, en última instancia, los que debemos soportar las catástrofes y las retribuciones somos nosotros mismos, los seres humanos.

En realidad la destrucción del medio ambiente tiene que ver con el excesivo desarrollo de la ciencia, puesto que ésta se enfoca siempre en la investigación de aspectos materiales. Cuando predomina lo material, se pierde la espiritualidad y, así, el Gran Chi del planeta, es decir, el conjunto del chi o energía de las personas sumados al de la Naturaleza, se desequilibra. Debido a la dirección que ha tomado la ciencia, la Tierra se destruye: cuanto más extensa sea, más se alejará el ser humano de lo verdaderamente natural.

La Naturaleza busca siempre restaurar el equilibrio. Si los humanos no abusáramos de los recursos naturales, la

Naturaleza siempre nos brindaría aquello que necesitamos en cada momento. Tomar conciencia del deterioro del ecosistema es importante, pero con la preocupación no alcanza. Lamentarse "ay, ¿qué será de nosotros si la contaminación avanza?" no sirve de nada. Hay que actuar; hay que ser responsables. Tomar las medidas necesarias para disminuir la contaminación en la vida personal, familiar y, si es posible, comunitaria. Al actuar de manera correcta, se disuelve la preocupación.

Lo que podemos hacer cada uno de nosotros es extender la vida útil de los materiales al máximo, de esta manera podemos ir reduciendo la actividad industrial gradualmente, ya que la industria no producirá lo que la gente no consume. Esto se puede lograr a través de nuestras acciones, como por ejemplo, reutilizar los envoltorios de los productos que utilizamos. Muchos productos para poder ser transportados sin sufrir daños poseen un embalaje robusto y justamente este tipo de materiales son aptos para ser reutilizados.

Por otra parte, hoy en día, la producción de objetos electrónicos involucran constantes cambios y mejoras. Como estrategia de venta las empresas ofrecen pequeñas mejoras entre un modelo y el siguiente. Hay consumidores que necesitan tener siempre el último modelo de esos objetos electrónicos, descartando así los modelos anteriores, que aún pueden usarse sin ningún problema y están todavía lejos de estar obsoletos. Si se pudiera alargar la vida útil de esos objetos también va haciendo diferencia.

Uno suele despreciar los números pequeños pensando que son insignificantes y no afectan en nada nuestra vida, pero no es así. Pensemos que cada número grande está compuesto por una acumulación de números pequeños, de la misma manera que el tiempo es una acumulación de segundos, minutos y horas. Si cada miembro de una familia pudiera contribuir con la reducción de la producción industrial, las casi 7.800 millones de personas en todo el mundo harían una gran diferencia.

Un profesor de Taiwán hizo el siguiente llamado a la reflexión: en tiempos pandémicos como el de la corona virus, el ser humano intenta buscar una explicación culpando a los animales por ser los portadores del virus, pero en realidad deberíamos pensar por qué surgen microorganismos cada vez más malignos y más venenosos para el ser humano y que afectan también a los animales.

Como medida para combatir el virus, las calles se han vuelto casi desiertas en varias grandes ciudades, los vuelos aéreos se redujeron al mínimo, los cruceros dejaron de funcionar, la cantidad de autos también se redujo drásticamente, por lo que ya no hay tanta necesidad de cargar gasolina, incluso las fábricas dejaron de funcionar. Se hizo un estudio comparando la concentración de dióxido de nitrógeno en la ciudad de Wuhan y se pudo ver una gran diferencia entre el 20 de enero y el 25 de febrero, es decir, antes de la cuarentena y pasado un tiempo de la cuarentena, es tanta la diferencia que se logra apreciar a través de imágenes satelitales. Los medios sostienen además que es la primera vez que se distingue una diferencia tan dramática en un área tan grande debido a un evento específico. Está claro que estas medidas sólo se toman en tiempos de emergencia y por lo tanto no es la forma a largo plazo de proteger el medio ambiente, pero es una señal de que se necesita con urgencia un plan de protección del medio ambiente y que todos los habitantes del planeta sintamos esta responsabilidad, que éste no es un tema meramente político y pongamos manos a la obra.

Muchas familias admitieron darse cuenta que pudieron reducir los gastos mensuales al mínimo indispensable, dándose cuenta que la gente suele gastar una suma importante en cosas que no son indispensables para la vida cotidiana.

Quizás justamente es en estos tiempos que la Naturaleza aprovecha para reponerse del desequilibrio provocado por el ser humano. Si no logramos aprender esta lección, es muy probable que en el futuro debamos vivir reiteradamente tales situaciones hasta que aprendamos.

Aprender a dar

En este mundo, toda cosa está relacionado con otra. Una moneda sola no hace ruido; necesita de otra moneda para hacerlo sonar. Todos los asuntos tienen al menos dos lados. Cuando queramos entender una cuestión, tendremos que analizarla en todos sus aspectos. Si tomamos en cuenta un solo aspecto, llegaremos a conclusiones equivocadas.

En la relación con los demás, lo mejor es tratar uno mismo de hacer las cosas lo mejor posible, sin esperar nada de los demás. En lugar de esperar que el otro me sirva o me acepte, yo trataré de servir y aceptar. Desgraciadamente, la mayoría de la gente espera recibir y nadie está dispuesto a dar. Si la gente estuviera más dispuesta a dar, en la sociedad habría más paz y armonía. Los problemas aparecen por la codicia y el egoísmo.

Es mejor dar, ¿saben por qué? Porque todo lo que entregamos al mundo, luego vuelve a nosotros. Si tiramos una pelota contra la pared, va a rebotar. Si la lanzamos con fuerza, va a regresar con fuerza, ¿no es cierto? Por eso es mejor dar amor y construir buenos vínculos con todo el mundo.

El caso de donar sangre es similar, la donación regular mejora la calidad de la sangre a través de eliminación de toxinas acumuladas y fabricación de nuevos glóbulos. Además, es un gran servicio a la comunidad y de ayuda a la gente necesitada incluso se les puede salvar la vida.

El que elige dar, tiene una actitud mental positiva porque siente que tiene cosas para dar. El que espera recibir, pone énfasis en las cosas que le faltan. Si uno sólo ve lo que le falta, nunca va a sentirse satisfecho; siempre va a sentir que le falta algo. Esto desde una perspectiva personal, pero en el aspecto social también es muy importante la actitud de dar, porque genera un buen ejemplo que otras personas seguramente van a imitar. Es muy valioso realizar buenas acciones, no sólo por la acción en sí, sino también por el efecto multiplicador que genera en los demás.

****

Hoy en día, los medios de comunicación permiten enviar y recibir material fácilmente. Es importante que el material que enviamos sea útil y ayude a educar y a mejorar el mundo. No usemos los medios de comunicación para perder el tiempo o difundir cosas sin valor. Tener una buena calidad de vida tiene que ver también con esto, con las cosas que comunicamos a los demás. Actuar de esta manera nos dará una sensación de satisfacción respecto a nuestra vida. Vamos a sentirnos bien con lo que estamos haciendo, y eso es muy valioso.

 Lecciones aprendidas

Una buena calidad de vida no se mide de acuerdo a la posesión de los bienes materiales, sino conforme a la salud física y mental. Las acciones que influyen positivamente en la salud son:

- Hacer ejercicios: los ejercicios deben ser acorde a nuestra condición física, aumentando gradualmente su complejidad y no realizar ejercicios intensos entre las 11 y 13 horas.

  - Recitar el mantra "Nan Mo A Mi Tuo Foo": al recitar concentradamente se produce una conexión con el Universo y genera un campo de energía positiva brindando paz interior.

- Comida sana: tomar predominantemente agua tibia o caliente, cuidar la velocidad al comer y la cantidad no llenarse completamente.

- Comida vegetariana o vegana: puede ayudar a prevenir varias enfermedades, ayuda a cuidar la Naturaleza y ayudamos a evitar el sufrimiento de los animales.

- Cuidar el entorno: reutilizando los envases y

envoltorios y prolongando la vida útil de los objetos que usamos.

- Aprender a dar: el hecho de dar sin esperar nada a cambio influye positivamente en el pensamiento. De todos modos, lo que damos en algún momento volverá hacia nosotros.

CONCLUSIÓN

Las diferentes vidas que vivimos son como un viaje. Imaginemos a un niño que salió de su casa y empezó a pasear y a descubrir cosas nuevas. En su paseo cada vez se aleja más de su casa y llega un momento en el que desea regresar, llamando "mamá, mamá", como cuando uno llama a Dios para pedir ayuda. Desde el hogar, la madre presiente que su hijo necesita ayuda y lo llama por su nombre y él, guiándose por su intuición y por los llamados de su madre, emprende el camino de regreso a casa. Nosotros somos como ese niño. En algún momento nos fuimos de casa, que era originariamente el Cielo y recorrimos muchos caminos, es decir, muchas vidas, algunos más largos y otros más cortos. También en algún momento vamos a tratar de volver a casa y es importante que seamos capaces de escuchar el llamado de nuestra "madre", para orientarnos en el camino de regreso. Por eso es importante encarar la vida haciendo realizando cada actividad con disciplina, paciencia y concentración; para limpiar la mente y así poder establecer una conexión con el Universo y trepar nuevamente hacia el Cielo.

El objetivo de las religiones es justamente el de proveer las herramientas necesarias y servir de conexión con el Cielo, que el niño vuelva a su casa, por eso, sin importar la religión, si se piensa, habla y actúa correctamente, se aprenden las lecciones de vida que nos corresponde para egresar de la universidad de la vida y se practica muy fuertemente se puede regresar al Cielo.

En las páginas anteriores tomamos conocimiento de que llegamos al Planeta Tierra para aprender, por lo que eso implica esfuerzo y sufrimiento. Pero una vez aprendida una determinada lección sentimos una gran alegría y satisfacción, que sobrepasa la alegría del disfrute material. A través del ajuste de nuestros pensamientos y acciones podemos decidir si queremos pasar la vida quejándonos del sufrimiento o aprender a superarlo.

Para sacar el mejor provecho de este libro se puede evaluar la vida actual y ajustarla para llevar una vida sana, que se corresponde con lo presentado en el apartado Mejorar nuestra calidad de vida, incluyendo también hacer del cuidado del entorno una responsabilidad de cada uno de nosotros.

A través de la realización de los ejercicios presentados de manera concentrada aprendemos a controlar mejor nuestro cuerpo. Una vez logrado eso, podemos proyectar ese control en nuestros pensamientos, palabras y acciones positivas, que a la vez influyen positivamente en nuestras vidas actual y futuras.

Tener en claro nuestra misión y hacer anualmente un balance del avance nos permite seguir nuestro camino hacia el gran objetivo sin hacer grandes vueltas.

Nada de los aprendido en la vida se pierde, sino que se puede transferir de una manera más concisa a la siguiente vida si se hace un repaso de lo aprendido antes de guardar la semilla. En esta vida, lo aprendido forma parte de nuestra inteligencia. Si se pudo captar la esencia detrás de la teoría realizando el aprendizaje con disciplina, paciencia y concentración, se puede transformar esa inteligencia en sabiduría, que es un aspecto que se quiere lograr en el éxito interno.

El aprendizaje es un proceso iterativo y de mejora constante. Así también es el aprendizaje de la lección de la vida. Ojalá este libro sirva de compañía y de recordatorio en todo ese proceso.

Deseamos que tengas una vida enriquecedora y satisfactoria!

Y POR ÚLTIMO...

Si este libro cambió tu perspectiva de la vida y quieres ayudar a otros para que también tengan una vida enriquecedora y satisfactoria, he aquí la sugerencia de puesta en acción.

Recomienda o regala este libro a tu pareja, tus amigos, familiares, colegas o quien consideres que puede sacar provecho de este libro para tener una mejor calidad de vida.

Puedes ayudar a difundir este libro a través de las redes sociales y también te invitamos a escribir una reseña del libro en Amazon escaneando el código QR de la tienda en donde compraste el producto

Amazon ES   Amazon COM   Amazon MX   Amazon DE

… o buscando el título de la obra en Amazon.

De esta manera podrás ayudar a otras personas a encontrar este libro.

Esperamos que las palabras de este libro puedan acompañarte en las acciones de tu vida. Por eso te dejamos algunas frases que te pueden servir en la vida cotidiana.

También te invitamos a seguirnos en las redes sociales:

  @TuEcoInterior

  @EcoInteriorAutoayuda

ANEXO: Frases para la vida diaria

Las siguientes frases se derivan del contenido del presente libro y tienen como objetivo servir de orientación y motivación en la vida cotidiana.

1. Encuentra el objetivo de tu vida y vive apuntando a ese objetivo.

2. Deja de lado los nervios y ansias frecuentes planeando bien las cosas que debes hacer.

3. Aléjate de la depresión aceptando los cambios que ocurren en tu vida y vive sin aferrarte totalmente a algo o alguien. Recuerda que la esperanza es lo último que se pierde. Puedes evitar entrar en pánico cuando no pierdes la confianza en ti u otras personas o situaciones.

4. Supera la falta de autoconfianza haciendo más cosas. Con la experiencia adquirida puedes aumentar la confianza.

5. Haz más y di menos para que la vida sea más provechosa, ya que hacer poco y hablar mucho lleva al chisme.

6. No hay cosecha sin trabajo. Haz cada cosa con disciplina, paciencia y concentración para tener buena cosecha.

7. Malgastar los recursos, ya sean públicos o privados, es como derrochar nuestro bienestar.

8. Trabajando y ahorrando juntarás bienestar para el futuro.

9. El bienestar es como el dinero en una caja de ahorro bancaria. Mientras más tengas ahorrado, más podrás disfrutar.

10. Disfrutar es el deseo de todos, pero no todos están en condiciones de hacerlo.

11. Busca y siente la verdadera alegría en la vida sin rechazar el sufrimiento. Si sólo comes cosas dulces para evitar el sufrimiento del sabor amargo, siempre vas a necesitar algo más y más dulce. Si estás acostumbrado a comer amargo, cuando pruebes algo dulce la alegría será enorme.

12. Trabaja en pos de un objetivo y una vez alcanzado podrás disfrutar saludablemente esa alegría duradera de tu trabajo bien hecho. Es decir, primero haz bien el trabajo, poniendo toda la concentración y la buena voluntad en el trabajo y luego podrás disfrutar.

13. Todos tenemos un destino diferente al de los demás, por lo tanto deja de comparar tu vida con la de tu vecino, amigo, etc.

14. Tu futuro lo creas tú mismo. El fruto de lo que cosecharás mañana depende de la semilla que siembras hoy.

15. Algunas personas son muy buenas y sinceras, sin embargo poseen una vida llena de obstáculos. ¿Por qué? Así como todo tiene una causa, todo acto tiene una consecuencia. Busca el origen en tus actos del pasado y no te lamentes por la suerte que te ha tocado, sino que esfuérzate en crear un futuro mejor.

16. El sufrimiento del presente es fruto del karma anterior. Es como al plantar una semilla, no se obtiene fruto inmediato.

17. De la misma manera que al plantar manzanas no se obtienen peras, el karma no se equivoca. Si has cosechado odio, es porque has plantado la semilla del odio; por eso planta a partir de ahora sólo la semilla de la bondad.

18. Presta más atención a la gente exitosa. Piensa en cuánto lucharon para llegar a su actual posición. No es casualidad el éxito alcanzado por los sabios, los buenos líderes, los grandes artistas, etc.

19. Supera el miedo o los nervios frente a un problema concentrándote para buscar su origen y así poder encontrar una solución.

20. Evita sobrevalorar las dificultades o considerar a un pequeño asunto como un gran problema, así evitarás grandes preocupaciones.

21. Piensa bien antes de actuar. Un mal pensamiento puede hacerte cometer grandes errores y cambiar tu vida para mal.

22. Presta atención a tu pensamiento y corrígelo en cuanto se desvíe, como el maquinista que vigila la marcha del tren para no descarrilar.

23. Así como te bañas todos los días para sentirte cómodo y limpio, tu mente también necesita una limpieza diaria para no llenarse de preocupaciones. Por eso es muy bueno practicar Tai Chi Chuan, Chi Kong, meditación, etc.

24. Sé paciente si quieres obtener buenos resultados.

Si cosechas un fruto que aún está inmaduro, tendrá sabor amargo y desagradable. Para tener una buena vida haz cada cosa con paciencia.

25. En lugar de exigirle a los demás, es mejor exigirse a uno mismo ser mejor.

26. Si quieres tener una vida sana y feliz trata a los demás con buen corazón y misericordia. Si reduces el egoísmo tendrás menos preocupaciones.

27. Si se pensara primero en el prójimo en todas las situaciones, tendríamos una sociedad mejor. Si le deseamos el bien al prójimo, tendríamos un mundo pacífico.

28. Si respetas a tu prójimo, además de recibir su respeto también recibirás trato amable. Pero si eres irrespetuoso, obtendrás el mismo trato.

29. Sonreír al prójimo te traerá felicidad. Si te miras al espejo con mala cara, ¿qué sensación tendrás?

30. Una persona es feliz cuando ayuda sin pedir nada a cambio y se pone al servicio del prójimo.

31. Mantener una buena relación con el prójimo te ayuda a vivir feliz.

32. Sé feliz dejando de pensar en las cosas que te hacen sufrir.

33. Vence el miedo al enfrentar una situación buscando el origen del problema con optimismo.

34. Sigue tu camino de la misión y del aprendizaje de la lección que te corresponde en esta vida y vencerás el miedo a la muerte.

35. Quien está conforme con su vida, no se queja,

porque entiende la vida y conoce su misión. Quien no está conforme, estará siempre pidiendo y, aunque obtenga lo que pide, siempre sentirá que no alcanza. En la mente de estas personas la codicia no tiene límite.

36. Si consigues, recibes o ganas algo no siempre es una bendición; si pierdes algo no siempre es una adversidad.

GLOSARIO

Chi kong: También conocido como chi kung o qi kong, significa "trabajo de la energía". Es un arte con origen en el lejano oriente cuyo objetivo es conocer, utilizar y optimizar el sistema energético del cuerpo humano y posee una estrecha relación con la Medicina Tradicional China.

Fundación Tzu Chi: Institución de caridad fundada por la monja budista Cheng Yen, basada en la compasión y el trabajo voluntario de millones de miembros.

Maestra Cheng Yen: Monja budista creadora de la Fundación Tzu Chi. Vive en Taiwán y muchos la consideran "la Madre Teresa de Asia" por su enorme obra a favor de los más necesitados.

Mantra: Serie de sonidos o sílabas que, al ser pronunciadas, cumplen la función de aquietar la mente, enfocar la atención y protegernos de energías negativas.

Tai Chi Chuan: Arte marcial interno originario de China. Lo practican millones de personas en todo el mundo. Sus movimientos lentos, suaves y continuos son característicos, a través del cual se pueden trabajar todos los músculos del cuerpo. Ofrece varios beneficios, tanto a nivel corporal como mental y es efectivo, entre otros, en la mejora de la condición física, en el tratamiento de enfermedades circulatorios e incluso a la hora de retrasar el envejecimiento.

AGRADECIMIENTOS

Queremos agradecer profundamente a Daniel Fresno y a los alumnos de la Escuela Cheng Ming que colaboran con la transcripción de las charlas realizadas por Piao Sheng Chao durante las clases grupales de Tai Chi Chuan y las respuestas a las inquietudes de los alumnos durante las jornadas y salidas grupales. Esas transcripciones sirvieron como fuente de inspiración para el desarrollo de la presente obra.

A la familia por el aporte de ideas y el apoyo incondicional durante el desarrollo de la presente obra.

A los amigos, por las charlas interesantes que se transformaron en fuentes de reflexión y material de escritura y desarrollo.

A los siguientes autores de los íconos publicados en la plataforma *flaticon* por permitirnos el uso de los mismos en la presente obra:

Freepik

photo3idea_studio

ultimatearm

Good Ware

DESCARGO DE RESPONSABILIDAD

El contenido de este libro ha sido escrito y revisado con gran cuidado. Los ejercicios de calistenia forman parte de los ejercicios introductorios para el aprendizaje del Tai Chi Chuan, por lo que fueron probados durante varios años y se provee una explicación detallada para cada ejercicio. Sin embargo, el lector quien ejecuta estos ejercicios es el único responsable de su correcta ejecución.

Toda la información contenida se basa únicamente en la opinión y la experiencia personal de los autores o las experiencias de los autores citados en las referencias. Sin embargo, los consejos y el contenido de este libro no pretende ser un sustituto para el asesoramiento o ayuda médica. Los autores no pueden garantizar ningún éxito con la información mencionada en el libro y no asumen ninguna responsabilidad legal por los riesgos o posibles daños causados por una incorrecta ejecución de los ejercicios o del contenido del libro.

En cuanto a las fuentes y los sitios web externos especificados en el libro, es el operador del sitio web respectivo el único responsable de todo este contenido, por lo que los autores quedan automáticamente excluidos de cualquier responsabilidad.

BIBLIOGRAFÍA CONSULTADA

- Chao, Piao Sheng (2017). Vibrando en la naturaleza: salud y consciencia ecológica a través del chi kong. Cheng Ming Ediciones, Argentina.

- Weiss, Brian (2014). Muchas vidas, muchos sabios. Editorial B de Bolsillo.

- Baker, Dr. Douglas (1982). Leyes del karma. Editorial Edaf Antillas.

- Piqueras, J.A., Ramos, V., Martínez, A.E., Oblitas, L.A. (diciembre 2009). «Emociones negativas y su impacto en la salud mental y física». Suma psicológica, vol. 16 N°2. p. 85-112.

- Idowa.de (2020). Coronavirus-Epidemie senkt Luftverschmutzung in China. https://www.idowa.de/inhalt.geschlossene-fabriken-coronavirus-epidemie-senkt-luftverschmutzung-in-china.4d3d7684-a820-4e3c-8650-10d122231c03.html [Consulta 30 de marzo del 2020].

- Thayer, Robert E. (1996). The Origin of Everyday Moods: Managing Energy, Tension and Stress. New York, NY: Oxford University Press.

- Kubler-Ross, Elisabeth (1989). La muerte: un amanecer. Ediciones Luciérnaga.

- Saunders, Kerrie K. (2003). The Vegan Diet as Chronic Disease Prevention. New York, NY: Lantern Books.

- tzuchi.org (2020). Ethical eating day. https://

tzuchi.us/ethical-eating-day [Consulta 8 de junio del 2020].

- Alexander, P., Brown, C., Arneth, A., Finnigan, J., & Rounsevell, M. D. (2016). «Human appropriation of land for food: the role of diet». Global Environmental Change, 41, 88-98.

- ourworldindata.org (2020). How much of the world's land would we need in order to feed the global population with the average diet of a given country? https://ourworldindata.org/agricultural-land-by-global-diets [Consulta 9 de junio del 2020].

Made in United States
North Haven, CT
05 October 2023

42411703R00104